现代网球教学创新
与体系构建研究

蒋荣琴 著

吉林大学出版社
·长春·

图书在版编目（CIP）数据

现代网球教学创新与体系构建研究 / 蒋荣琴著．--
长春：吉林大学出版社，2021.10
　ISBN 978-7-5692-9303-6

　Ⅰ．①现… Ⅱ．①蒋… Ⅲ．①网球运动—教学研究
Ⅳ．① G845.2

中国版本图书馆 CIP 数据核字（2021）第 223581 号

书　　名	现代网球教学创新与体系构建研究
	XIANDAI WANGQIU JIAOXUE CHUANGXIN YU TIXI GOUJIAN YANJIU
作　　者	蒋荣琴 著
策划编辑	杨占星
责任编辑	滕岩
责任校对	甄志忠
装帧设计	皓月
出版发行	吉林大学出版社
社　　址	长春市人民大街 4059 号
邮政编码	130021
发行电话	0431-89580028/29/21
网　　址	http://www.jlup.com.cn
电子邮箱	jdcbs@jlu.edu.cn
印　　刷	朗翔印刷（天津）有限公司
开　　本	710mm×1000mm　　1/16
印　　张	14
字　　数	190 千字
版　　次	2021 年 10 月　第 1 版
印　　次	2022 年 3 月　第 1 次
书　　号	ISBN 978-7-5692-9303-6
定　　价	58.00 元

版权所有　翻印必究

前 言

网球运动是一项集绿色、健身和交际于一身的体育项目。参与网球运动不仅可以锻炼耐力和控制力，还能够通过网球运动培养团队精神和养成良好的性格。当前，网球运动得到长足发展，大学网球课程也悄然成为培养运动人才的重要基地，承载着提高学生心理、生理、社会适应和道德健康的使命。这就需要大学在开展网球教学时，秉承创新理念并对网球教学体系进行完善，本着愉悦身心和长期坚持锻炼的目标特点，使学生从整体上认清健康与运动的关系；充分发挥学生自身的主观能动性，真正学会感悟、归纳、反思，做到让学生可以在主观意识和理性支配下发展自己对网球的学习兴趣，逐渐培养学习态度和自主实践能力，指引学生养成健康的生活方式，为学生的终身体育打下坚实基础，从而更好地维系个人与自然、个人与社会、个人与他人的密切关系。

本著作由苏州科技大学蒋荣琴独立撰写完成。全书从网球运动与身体健康、网球教学质量提高的创新思路、网球课程体系及其构建的思考、现代网球运动的可持续发展不同方面切入，重点探讨网球技战术与训练方法教学创新、网球运动员的素质训练教学与创新、基于信息技术的网球课堂教学创新、实践视域下的网球教学模式创新、现代网球教学的体系构建。

全书注重理论与实践相结合的原则，融合健身性与文化性、选择性与实效性、传统性与现代性、科学性与实施性为一体，能够适应广大网球爱好者和学生的需求，既可作为体育课程教学用书，也可作为网球爱好者的参考读物。

笔者在撰写本书的过程中，得到了许多专家学者的帮助和指导，在此表示诚挚的谢意。由于笔者水平有限，加之时间仓促，书中所涉及的内容难免有疏漏之处，希望各位读者多提宝贵意见，以便笔者进一步修改，使之更加完善。

目 录

第一章 绪论 ·· 001
    第一节 网球运动与身体健康 ···························· 001
    第二节 网球教学质量提高的创新思路 ················ 024
    第三节 网球课程体系及其构建的思考 ················ 025
    第四节 现代网球运动的可持续发展 ···················· 028

第二章 网球技战术与训练方法教学创新 ················ 045
    第一节 网球的技术与战术教学分析 ···················· 045
    第二节 网球墙与绳梯的训练方法 ······················· 066
    第三节 网球的不同维度与高强度间歇训练方法 ···· 071
    第四节 网球的视频反馈与多媒体表象训练方法 ···· 079
    第五节 扇形移动训练法下的网球教学创新 ·········· 085

第三章 网球运动员的素质训练教学与创新 ············· 089
    第一节 网球运动员的身体素质训练 ···················· 089
    第二节 网球运动员的心理素质训练 ···················· 101
    第三节 网球运动员的运动知觉与技能 ················ 111
    第四节 网球运动员的现代培养模式创新 ·············· 114

第四章 基于信息技术的网球课堂教学创新 ············· 117
    第一节 网球的翻转课堂教学创新 ······················· 117
    第二节 网球的移动课堂教学创新 ······················· 126
    第三节 网球的慕课与 SPOC 教学创新 ················ 137
    第四节 网球的微课教学创新 ······························ 154

第五章　实践视域下的网球教学模式创新 …………………………… 158
第一节　合作探究式教学模式与网球教学 ………………… 158
第二节　网球的体验式教学模式分析 ……………………… 167
第三节　快易网球教学模式的可行性 ……………………… 175
第四节　任务式网球教学及其评价 ………………………… 185

第六章　现代网球教学的体系构建研究 ………………………………… 198
第一节　网球课堂的多样化教学内容体系构建 …………… 198
第二节　网球教学中技术分类体系的构建 ………………… 202
第三节　网球教师的教学能力构建及优化 ………………… 204
第四节　网球教学测试评价体系的构建研究 ……………… 209

结束语 ……………………………………………………………………… 214

参考文献 …………………………………………………………………… 215

第一章 绪论

第一节 网球运动与身体健康

一、网球运动分析
（一）网球运动的场地
1. 网球场地的规格

在网球运动以及网球比赛中，网球场地是一个重要的考量因素。因为观众和运动员都是在网球场中观看比赛或者参与运动，因而一个优质的网球场能够给观众以及网球运动员带来美好的体验。

一般情况下，人们能够看到和使用的网球场地都是双打球场，当然双打球场也能够用来进行单打网球运动。从标准的视角来分析，一个正规的网球双打球场主要包括两个部分：一个是主场；另一个是副场。一个标准的网球场地的面积尺寸应该为大于等于36.58m（长）×18.29m（宽），这个场地中的有效面积尺寸应该为23.77m（长）×10.97m（宽）。具体分析而言，在双打网球场里面需要安装网柱，两个不同的柱子之间需要留出一定的距离，即柱子之间的距离保持在12.80m比较合适。网柱的顶端到地面的距离也有一定的要求，即网柱的顶端至地面保持在1.07m的高度比较合适。

在实际的网球运动场中，人们往往会根据实际的需求建立两个甚至更多的并行网球场地，这时两片甚至多片网球场地之间是有一定的距离要求，即两个相离比较近的网球场地之间的距离应该大于或者等于4m。如果是建立室内的网球场还需要考虑两个方面的因素：第一，端线6.40m以外的室内上空的净高度应该大于等于6.40m；第二，室内的屋顶在球网的上空的净高度应该大于等于11.50m。

如果是建立室外的网球场还需要考虑两个方面的影响因素：第一个方面就是要考虑日照的问题，通常情况下，人们建立的网球场地都是南北走向的布局，采光比较好，如果网球场的周围有其他大型遮挡物的话，人们就需要着重考虑采光的问题；第二个方面就是降雨排水方面的问题，国际网联要求，各国建立的室外网球场都需要采用散水坡为横向，坡度小于8‰。

2. 网球场地的分类

（1）硬地。硬地网球场地是比较常见和普通的网球场，通常这种网球场地的构成包括水泥和沥青，同时上面会有一些颜料铺在上面。这种类型的网球场地易于使用和清理，也有利于网球运动的开展。虽然硬地这种网球场地比较常见，但是这种网球场地也有一定的缺陷，那就是它的场地弹性不是特别好，因而对于刚刚接触网球的人而言，他们在硬地开展网球运动时一定要时刻注意保护自己，以免自己的身体部位受到伤害。在硬地的网球场地中，初学者需要时刻谨记保护自己，其方法就是初学者要一直保持膝关节呈弯曲的状态，从而使膝关节起到一定的缓冲辅助作用。

（2）草地和人造草皮面层。众所周知，在世界范围内，很多专业的、大型的网球比赛都是在天然草坪网球场地开展，这也是一种保留至今的传统。很明显，天然草坪网球场地具有很多优势。天然草坪由于是在大自然的环境中形成的，因而当网球从空中掉落到天然草坪上面之后，网球会滑得比较快，这也对网球运动员的网球技术提出了更高的要求。虽然天然草坪的网球场地非常有利于网球比赛的开展，但是由于天然草坪需要较高的园艺技术来打理，同时运动员在草坪中打球也会使草坪出现不平整、草皮从草坪中脱落等现象，因而这种类型的网球场地运用十分有限，它也很难在世界范围内大面积地推广运用。

人造草皮实际上就是一种人工合成的材料，它的颜色可以呈现出绿色。目前，有一些网球场地会选用人造草皮作为场地面层，这种场地的优势是它只需要借助于石英砂来填充草皮，因而相关的工作人员只需要在运动员使用后整理石英砂就可以了，因而便于整理；同时这种类型的场地能够较少受到气候等环境因素的影响。通常人们能够在一些大型的娱乐场所中看到这种类型的网球场地。

（3）泥地（砂地）面层。泥地即砂地面层的网球场地，它就是一种典型的"软性球场"，其中人们相当熟悉的泥地网球场地就是法国公开赛运用的红土球场。除此之外，还有很多场地可以称之为软性场地，如各种沙地的场地以及泥地的场地。通常这种类型的场地特点就是它的地面不是特别坚硬，它的地面上会有一层薄薄的沙土或者粉末，这样当运动员的网球落到地面时，这个网球就会与地面产生比较大的摩擦力，从而使球速变得比较慢，这些特点也会对网球运动员的各项素质提出了较高的要求，尤其是网球运动员的体力素质，否则运动员在比赛中很难取得胜利。

（4）合成塑胶场地。合成塑胶场地的材质通常和人们熟悉的田径运动的塑胶场地比较相似，它一般是由钢筋混凝土和人工合成的塑胶颗粒构成，这两者之间通常都是用专门的胶水进行黏结。合成塑胶场地的优势比较突出，它不仅有灵活的弹性以及紧密度，它的颜色往往比较艳丽，便于人们的打扫和清理。因而合成塑胶场地的使用范围比较广泛，它可以应用到室内的场所中，也可以应用到室外的场所中。

（5）网球毯。从化学成分的角度进行分析，网球毯的成分主要是一种高密度的尼龙，因而其具有较强的耐磨性。通常情况下，网球毯是采用专门的胶水把地毯牢牢地粘在了地面的表层，从而使其具有非常好的弹性。此外，网球毯的表面是地毯，其材质就比较粗糙，因而这种类型的网球场地通常适用于那些年纪比较大的人群使用。

在实际的运用中，人们运用的网球场地还有其他种类，如现今人们利用新型的材料制作的网球场地已经投入使用。随着科学技术的不断创新与发展，将来人们会把更多优质的材料应用到网球场地中，从而为网球运动员以及观众创造更加舒适的运动和观看场所。

（二）网球运动的等级

（1）1.0级别。1.0级别主要就是指初学者，这里也包括那些第一次接触和打网球的人群。

（2）1.5级别。1.5级别的选手打网球的时间并不是很长，他们的网球水平还十分有限。

（3）2.0级别。通常2.0级别的选手在打网球的过程中采用正手来挥动球拍的动作还不是特别熟练，他们也很难准确地控制打球的准确方向。此外，在打球的过程中，这个级别的选手不敢甚至不愿意使用反手的技术。2.0级别的选手在打球时出现的错误也会比较多，打球的脚步也比较混乱。总之，2.0级别的选手正手和反手打球的水平都有待提升，但是这些选手已经对单打以及双打的基础知识有了初步的了解。

（4）2.5级别。2.5级别的选手在打网球的过程中其正手和反手的技术都得到一定的提升，然而他们的打球节奏还相对比较慢。此外，2.5级别的选手在使用反手握拍的时候还存在一些问题，容易出现错误或者不准确的动作。虽然这些选手在打网球时的发球以及挥球的动作都已经比较成熟，但是他们的速度非常慢，而且抛出来的网球也不是特别稳定。在实际的网球练习中，2.5级别的选手可以较为准确地接住对方发的不是特别快的球，如果对方的发球非常快速，他们往往难以准确接球。

（5）3.0级别。3.0级别的选手采用正手已经比较熟练，也能够较为熟练地控制各个击球的方向，只是他们的击球力度不够，没有较强的击球深度。3.0级别的选手已经具备了一定的发球节奏感，只是3.0级别的选手控制还不是很稳定，当选手在使用大力进行发球时，往往难以准确控制发球的方向以及力度等。总之，这个水平的网球选手已经有较强的正手截击水平，他们的反手截击水平还有待不断提升。在实际的网球比赛中，这种水平的选手还不具有较强的威胁性。

（6）3.5级别。3.5级别的网球选手已经能够采用正手准确地打出有一定技巧的中速球，并且能够控制球的运行方向，但是这些选手的上旋球技巧还需要不断练习和提升。此外,这个水平的网球选手也能够采用反手来控制中速球,只不过他们还没有掌握一定的技巧来准确处理高速的球以及高度比较高的球。总而言之,3.5级别的选手已经能够比较稳定地控制中速球,选手在打球时的步伐也比较稳定,也已经能够稳定地运用正手来截击对方的发球,只不过没有办法熟练地运用反手来截击对方的发球。3.5级别的选手在比赛中虽然已经具有一定的网球实力,但是他们还是需要紧密地与队员配合才能够取得一定的成绩。

（7）4.0级别。4.0级别的选手已经可以准确地把握正手的各项击球技巧,也能够在运动中适当地接住一些对方发过来的有难度的球。4.0级别的选手也能够相对比较熟练地运用反手的各项技巧,如用反手准确地回击速度不太快的球等。4.0级别的选手在发球时也能够控制好球的落点,无论是一发还是二发,他们都能够准确把握。这个级别选手的网球单打和双打水平都得到了提升,在运动中出现错误的概率也相对比较低。在对方网球的截击方面,这个水平的网球选手已经能够采用正手准确、有深度的截击,而他们采用反手进行截击时,他们能够把握好截击球的方向,只不过他们难以准确把握截击球的深度,因而这个也需要选手加强练习才能提升。

（8）4.5级别。4.5级别的选手虽然已经能够采用正手准确地发球等,但是他们运用正手的稳定性还有待进一步提升,这样才能够更好地控制球的方向以及力度。4.5级别的选手在运用反手时也偶尔会出现失误,尤其是情况紧迫的时候。4.5级别的选手已经具备的一定的网球水平,能够在比赛中接好对方的大力发球,并能够准确回击,运动的步伐也比较稳定和准确,经过大量的练习,已经具备了较强的控制力。在实际的网球比赛中,4.5级别的网球选手已经能够在比赛中根据实际情况打出各种技巧的网球,并且能够根据自身的网球水平等来科学地调整自身的网球战术,从而合理地破解对方的网球战术。他们已经具有非常强的执行力,能够慢慢地尝试控制比赛的节奏感等。

（9）5.0级别。5.0级别的选手的各方面网球水平都已经比较高,他们在比赛的进攻中也能够进行主动地攻击并取得比赛的优势，同时能够根据实际情况合理地调整自身的战术，以积极应对对方的网球战术。5.0级别的选手已经能够打出具有较大深度的网球，并能够根据自身条件抓住各个得分的机会。在具体的双打中，这个级别的选手也能够和自己的队员合作默契，共同赢得比赛。对于这个级别的选手而言，在具体的比赛中，他们已经具备了比赛要求的网球综合实力，如果比赛没有取得胜利，那么选手应该更多地考虑自身以及同伴的心理素质因素。

（10）5.5级别。5.5级别的选手已经能够熟练掌握各项网球的技术。他们这个级别的选手在比赛中的优势就是打球的力量以及稳定性，这样才能够使比赛更加精彩。此外，5.5级别的选手已经经历过很多大型的网球比赛，他们已经锻炼了较强的心理素质，能够积极客观地看待每一场网球比赛的结果。

（11）6.0级别。6.0级别的选手通常已经具有较高的网球水平，这一水平的网球选手通常在高中甚至大学的期间就已经参加了很多大型的网球比赛，并取得一定的成绩。这里主要是指美国的比赛。

（12）7.0级别。7.0级别选手的网球水平已经非常高，通常他们把网球作为其主要的职业，他们把参加各种大型的网球比赛获得名次和奖金作为重要的收入途径。

（三）网球运动的礼仪

1. 尊重网球场上的人员与事物

目前，世界各地都有大量爱好打网球的人。对于这些人群而言，网球场真的是一个能够给人带来快乐的场所，人们可以在网球场地尽情地挥洒汗水，同时人们可以在网球场上面尽情地交朋友，扩大自己的交际圈。

在网球场地中，每个打网球的人都要遵循一定的行为准则，这也是对网球运动员以及爱好者最基本的要求，这个基本的准则就是充分尊重和肯定网球运动场中的所有人员和事物。具体而言，每个网球球员在网球场地中都要尊重自己的对手，不管对方的网球水平高低，同时要尊重每一个观看的观众以及场地的相关工作人员和服务的人员等。此外，网球的球员还要尊重场地中的球网、尊重和保护网球的球拍以及球等物品，不要随意乱扔和破坏这些公共物品等。在网球比赛中，每个运动员的素质也是一个重要的考量因素。它也会对人们产生较大的影响，其代表着每个网球运动员的个体形象，因而每个场地中的网球运动员都要积极地塑造比较良好的个人形象，从而为国家或者集体争光。

2. 网球日常练习的礼仪

（1）在练习中要选择合适的时机捡球，捡球不要太过于着急。对于刚刚学习打网球的人而言，在最初练习时肯定会在球场上到处找球，因而初学者要适当控制自己的这种冲动。当自己练习的球打到别人的球场时，练习者也一定要耐心等待，等到别人的网球练习结束之后再过去捡球，不能打扰别人的正常网球练习。如果他们主动捡球送还，一定要礼貌地感谢对方。

（2）球员在日常的练习中一定不要从球网的上方直接跨过去，这种行为是不合适的。

（3）在具体的练球实践中，当对方球员打过来的球离底线非常靠近时，球员应该主动地告知对方打过来网球的具体位置，如他的球已经出界了或者他的球在界限范围内等，从而使对方球员对自己的发球有更加清晰的认知。

（4）在练习过程中，球员发球或者回击球出界的时候，球员都应该向对方表达歉意，从而使练习更加顺畅。

3. 网球比赛中的礼仪

在具体的网球比赛中，人们需要注重网球比赛中的各项礼节。对于观众而言，观众应该在入场之后快速找准自己的位置坐下，尽量不要来回走动，更不要交头接耳地谈话聊天。一般情况下，是不允许观众在比赛中走动的，观众只有在特定的情况下才可以走动。此外，在激烈的比赛中，如果双方的比分非常接近，观众内心激动，观众也一定要控制好情绪，不能随意呼喊运动员的名字，以免影响比赛的正常开展。只有当比赛已经结束时，比赛的结果成绩出来之后观众才可以释放自己的情绪，为自己的队伍加油助威。

如果在具体的比赛中，网球运动员不慎把网球打入了旁边的观众席里面，这个时候观众应该理性看待，观众的反应和行为对整个比赛都非常重要。此时观众应该把地上的网球捡起来交给相关的工作人员，而不是随意地扔到比赛场地中，那样将会严重影响比赛的进行。对于比赛的摄影记者而言，他们应该在主办单位指定的地方进行摄影和采访，而不能随意走动等，从而扰乱比赛，同时在比赛开展的过程中，摄影的记者不能够使用闪光灯进行拍摄，那样将会影响运动员的发挥。此外，在比赛紧张的赛程中，观众应该尽量保持安静，不要试图影响和打扰裁判员、拾球员等重要人员，观众也不能够把婴儿带到网球的比赛场地。

如果是参与到练球的过程中，那么练习者一定要遵守相关的规定，排队依次进入运动场中，同时要尊重一起训练的老者以及女性同伴。在实际的练习过程中，练习者不能随意挑选自己的对手，要听从安排。在练习的过程中，练习的双方队员都要保持谦虚和谨慎的态度，要尊重对手，公平对待对手。如果网球比赛相对比较正规，有裁判指导比赛，双方的网球运动员都应该按照约定的时间准时到场，不要出现迟到的现象。在比赛之前的5min时间里面，双方的球员应该密切配合和练习。当比赛开始之后，双方的球员都要密切关注对方的行动，发球的一方要准确示意自己准备发球，这也是对对方球员基本的尊重。在具体的比赛过程中，双方的球员都应该尽力击球，为自己的队伍争光，当网球运动员对裁判的判决持有不同的意见时，运动员应该有礼貌地向裁判提出问题和疑惑。当比赛已经结束之后，双方的运动员都应该握手以示友好，同时他们应该感谢裁判的辛苦付出。总之，在网球的比赛过程中，每个运动员和裁判都应该有礼貌、讲文明，这样才能凸显网球运动的高雅。

在实际的比赛中，每个队员都应该心平气和地看待比赛的得分，如果是对手领先得到一分，那么球员也应该为对手鼓掌，而不是充满敌意，球员应该祝贺对手的成功，并跟对手学习先进的球技。

4. 网球比赛后的礼仪

在网球比赛结束之后，每个球员都应该礼貌地和对手握手。只不过握手不仅仅是简单地把手握住，而是要注视对方的眼睛，告诉对方自己的友好，从而使比赛更加充满人性化。无论是赢得比赛还是输掉了比赛，球员都应该要合理地看待比赛的结果，球员不能因为赢得了比赛而沾沾自喜，也不能因为输掉了比赛就焦虑，这些都是不好的状态。球员应该在比赛结束之后和对方的球员交流有关网球的技巧等问题，从而找出自身的问题，不断提升自己的球技。

（四）网球运动的装备

1. 网球球拍

网球球拍的材质不同，一般包括：木质的球拍、铝合金材质的球拍、钢质的球拍、利用合成材料制作的球拍。最初，网球运动员在运动中使用的球拍就是木质的球拍。慢慢地随着技术的发展，到了20世纪80年代左右，出现了很多新兴的材料，科学家广泛地把这些先进的材料应用到网球球拍的制作中，从而使运动员在比赛中应用网球球拍更加得心应手。将新型的材料应用到网球球拍中对球拍带来的改变是：球拍的重量变得很轻，球员用球拍击球呈现比较好的手感等。目前，网球球拍的拍面一共包含三种：①小型头拍，其拍框面积5.48dm^2；②中型头拍，其拍框面积介于5.55dm^2~6.45dm^{2}之间；③大头拍，其拍框面积6.45dm^2。

可见，网球球拍不同的拍面其特点也各不相同。例如，小型头拍的球拍需要球员找到精准的击球点，这种球拍在使用时更加灵活、方便，球员运用它击球的力量也相对更加集中；中型头拍的球拍在运用时会使球员产生比较好的球感，因而深受各级人士的喜爱，有很多网球球员以及专业网球选手都选择使用中型头拍的网球球拍。对于大头拍而言，它往往具有比较大的拍面，因而球员运用这类球拍时能够实现比较好的截击。对于网球的使用者而言，他们在选择网球球拍的一个重要考量因素就是这个球拍的手感和舒适度，球拍的手感非常好，用着很舒服才行。

2. 网球拍弦

在现实的生活中，有很多网球的使用者在选择和购买网球球拍时不重视甚至忽视了拍弦的材质等，然而拍弦的材质等因素也会对球员的击球等产生不小的影响。从化学的材质上进行划分，网球的球拍其拍弦的种类一共包含两种，一是天然肠弦；二是人工合成的材质，即人造复合弦。

一般情况下，天然的肠弦都是利用动物的小肠制作形成的，如猪的小肠或者羊的小肠等。在最初制作肠弦时，人们比较习惯于使用羊这种动物的小肠来制作，因而人们也习惯于使用"羊肠弦"来称呼天然肠弦。在目前的网球比赛以及训练中，很多职业的网球运动员都善于使用天然羊肠弦制作的网球球拍，因为这样的球拍具有很多优点：如这种球拍的控制力比较好，具有适中的弹性，同时这种球拍也能够给运动员带来很好的球感。然而天然肠弦也有一定的缺点，那就是这种球拍的价格往往很贵，一般的网球爱好者很难有足够的资金购买此种球拍。此外，天然肠弦制作的球拍耐磨性比较差，受温度的影响比较大，天气一旦升高温度就会影响球拍的品质。

鉴于天然肠弦制作的网球球拍价格比较昂贵，因而大多数的网球爱好者就会根据自己的经济水平选择购买价格相对比较低的人造复合弦球拍。目前，随着材料技术的不断更新和发展，人们已经把更多的新材料应用到球拍的拍弦中，从而不断改进这些拍弦的质量。这些不同种类的人造复合弦越来越能够满足不同技术水平网球爱好者的实际需求。通过和天然肠弦对比可知，人造复合弦的优点是：价格比较低，不容易受潮。而这种拍弦的缺点也比较明显，那就是它的手感不是很好，弹性也不是很强等。

随着科技日新月异的发展，目前市面上又出现了聚酯弦。最初的时候，人们在制作衣服时使用聚酯弦这种材质，后来人们尝试使用聚酯弦制作网球弦并获得市场。由此可见，聚酯弦的应用范围很广泛，它深深受到很多职业网球运动员的喜爱。究其原因主要在于，聚酯弦的性能非常优越，它不仅材质非常耐用，同时聚酯弦的击球的力量非常大，会给球员带来很好的体验。虽然和尼龙这种材料对比可知，聚酯弦的反弹性不算很好，但是这种材质的拍弦具有较强的韧性，一般在使用中不会出现断弦的情况。对于那些在网球使用中经常断弦的人而言，他们可以选择使用聚酯弦，因为这种拍弦的使用寿命相对比较长，不容易出现断弦的情况。需要注意的是，虽然聚酯弦具有较长的使用寿命，但是这并不意味着聚酯弦就可以长久地使用，即使在长期的使用过程中拍弦并没有断裂，但是这些拍弦的紧张力和适打性都会大大地减弱，这依然会对使用产生影响，因而还是建议球员，无论使用什么材质的拍弦，都要定期更换拍弦。

网球爱好者或者专业的网球运动员在选择球拍时都需要考虑拍弦的品质，其判断的标准主要包括两个方面：一是拍弦是否耐用；二是拍弦是否好打。通过分析目前市面上的拍弦可知，一共有四种不同型号的拍弦，这些拍弦的粗细不同，即15号、16号、17号、18号。其中这些数字表示的就是拍弦的直径数据，型号中拍弦的数字越大，则代表这种拍弦就越细，相应地其重量也会比较轻。对于拍弦的性能而言，同等材料、结构以及拉力的拍弦，一般是细弦的各方面性能比较高。细弦的优点就是这种弦比较灵敏、弹力比较强，同时有利于球员切球等。然而细弦也有比较明显的缺点，那就是这种弦不是特别结实，很容易在使用的过程中断开。粗弦的优点是使用中比较耐磨，然而其缺点也很明显，那就是其球感比较差，击球之后球的力度不大。

3. 网球

一般网球运动中使用的球有两种颜色：白色或者黄色，它的主要材质就是橡胶化合物。网球中使用的球要求其弹力比较大，重量不是很大。目前，在大型的网球比赛中，人们使用较多的网球主要包括三种类型：第一，快速球，这种网球使用的场所是慢速球场；第二，中速球，这种网球使用的场所是中速或者快速球场；第三，慢速球，这种网球使用的场所是快速球场。

4. 网球背袋

对于网球爱好者而言，他们到网球场地打网球通常需要带上网球拍、网球以及相关的鞋子等物品，这时网球背袋就显得尤为重要。人们可以把这些相关的物品全部都放入网球的背袋中，这样携带方便，同时也能避免人们忘记带相关的物品。

5. 鞋袜

通常网球运动员在网球的训练或者比赛的过程中会经常使用各种急停、紧急变向等动作，网球运动的这些动作也对网球运动员的鞋子品质提出了较高的要求。在运动中，网球运动员通常会把大部分的力都用在自己前面的脚掌，因而网球鞋的这个部位需要承受巨大的压力，鞋子的这个部分也是磨损或者损坏最厉害的部分。这就要求网球鞋在制作的过程中充分考虑这个因素，一定要增加鞋底的纹路，从而使网球鞋和地面之间的摩擦力不断增大，同时也要通过技术改进网球鞋的弹性等。对于网球爱好者而言，如果经济方面的条件允许，可以在日常的练习和比赛中都选择专业的网球鞋。在训练和比赛中，网球运动员的袜子要求就是袜子穿在脚上比较舒服，能够吸汗。

（五）网球运动的竞赛

1. 网球竞赛的筹备工作

组织并举办大型网球比赛的相关单位应该根据一定的比赛工作计划等来筹备、准备和开展网球竞赛的组织工作。众所周知，一个单位组织并举行一场大型的网球竞赛需要做很多细致的工作，而且这些工作涉及的范围非常广，因而网球比赛的筹备工作对于网球竞赛的举行发挥着至关重要的作用。人们一般把网球的竞赛工作分为以下阶段：

（1）竞赛前筹备工作。一般情况下，网球竞赛相关的主办单位应该通过分析需要举行竞赛的性质、竞赛的规模以及相关部门等来成立专门的网球竞赛领导机构，也就是相关的网球竞赛筹备委员会。其工作的主要任务就是分析和讨论比赛的组织方案，编写竞赛的各项章程，并制定详细的工作计划等，最终将这些筹备资料提交给相应的机构进行审定。

1）讨论和确定组织方案。网球竞赛的筹备委员会在讨论和确定组织方案时通常需要充分考虑上级体育组织提出的各项工作计划等，其具体内容有如下：

第一，竞赛的名称。竞赛的名称一般是根据上级组织对这项比赛的要求以及制定的任务等内容提出。

第二，竞赛的组织规模。竞赛的组织规模往往由两个因素决定：一是这项竞赛的主要目的；二是这项竞赛的主要任务。同时还需要考虑竞赛的参与人数以及主办单位的资质等因素。

第三，竞赛的组织机构。竞赛的组织机构往往需要根据具体的情况来确定，它的内容也比较多，包括网球竞赛的比赛形式确定、设定的各个相关下属部门等。

第四，竞赛的经费预算。相关机构在做竞赛的经费预算时要坚持节约和从简的原则，这样才能使经费预算更加合理、科学。其具体包括很多方面，如网球竞赛场地的修理、网球竞赛需要使用的设备和器材等以及竞赛的奖品、住宿等问题。

2）成立组织机构。在具体的筹备实践中，相关的领导部门要根据实际的情况和需求来确立即将成立的组织机构的主要形式和规模等。通常不同的情况需要建立不同规模和形式的组织机构。具体而言，对于全国性质的网球竞赛，其通常是由国家体育总局等机构来组织和承办，而那些小范围区域或者基层的网球竞赛则是由基层的单位来组织和承办。网球竞赛的组织机构一般包括多个不同的办事机构，即办公室、宣传部门、后勤部门以及保卫部门等。

3）各部门的分工与职责。为了使网球竞赛的各个筹备环节都能够按照顺序依次开展，每个不同的部门都应该确定好自己部门的分工和职责。这样每个部门都能够完成好自己部门的主要工作，又能够和其他相关的部门紧密配合，共同推进网球竞赛的开展，每个不同部门的具体分工如下：

第一，网球竞赛组织委员会的主要职责：网球竞赛组织委员会是网球竞赛的主要负责单位，它负责和管理所有的工作。由此可见，在网球竞赛的筹备工作中，竞赛委员会是最具权威性的机构，其权力也最大，它的机构成员包含很多不同部门的领导等，这样他们才能够协调和处理竞赛筹备中的各种复杂的问题。总而言之，网球竞赛委员会的具体职责包括：从总体上把握竞赛的方针、章程等；批准竞赛的各项计划；听取网球竞赛的各项筹备工作汇报，并处理棘手的问题等。

第二，办公室或者秘书处的职责：办公室或者秘书处就是网球竞赛筹备的日常办事组织和机构，其主要职责就是具体落实网球竞赛组织委员会的各项决议等，从而给各个相应的部门合理分配工作，使各个部门都能够有序地开展工作。总而言之，办公室或者秘书处的工作内容繁杂，网球竞赛中很多工作的细节都需要请示或者寻求办公室的帮助。其具体的职责为：组织委员会召开相关的会议、为网球竞赛准备相应的场地以及运动器材等、筹划和准备网球竞赛的开幕式以及闭幕式等活动、制定网球竞赛的各项规章制度和比赛注意事项等内容。

第三，竞赛部的职责：竞赛部的职责就是负责竞赛相关的各项事宜，如注册编排等，同时竞赛部要负责处理和解决竞赛过程中遇到的很多棘手的实际问题。具体而言，竞赛部的具体职责为：①在网球竞赛中负责裁判的工作；②组织注册、为网球竞赛准备相应的场地以及器材等；③召开竞赛会议从而统一解决竞赛中的突出矛盾；④组织和安排各个不同队伍之间网球运动员的交流活动和座谈活动等。

第四，仲裁委员会的职责：在一项网球竞赛中，仲裁委员会是其重要的仲裁机构，其发挥着重要的作用。任何的网球竞赛在比赛的过程中都有可能会出现不公平的现象，这时就需要仲裁委员会来调节相关的矛盾。需要强调的是，仲裁委员会的职责和裁判的职责是不同的，它并不负责和处理裁判职权范围内的相关纠纷以及矛盾等。仲裁委员会有专门负责仲裁的领域和范围。当这项网球竞赛结束之后，其仲裁委员会也就会自动撤销，这个机构也就不存在了。

第五，宣传部的职责：宣传部的主要工作职责就是开展网球竞赛的各项宣传工作，包括撰写和发布通讯报道、组织和评判先进个人以及组织参观等各项活动事宜。

第六，总务后勤保障部的职责：总务后勤保障部的职责是负责和管理一切与网球竞赛场地有关的事项，如购买、增加新的网球运动器材、打扫比赛场地的卫生以及在场地中放置宣传的广告等。总而言之，总务后勤保障部工作的内容非常繁杂，它也是网球竞赛能够顺利开展的重要后勤保障。

4）制定竞赛规程。对于一场网球竞赛而言，网球的竞赛规程是其举行比赛以及制定各项举措的总依据。一般情况下，网球的竞赛规程包括以下四个方面的内容：第一，网球竞赛的名称和目的；第二，网球竞赛的主要任务和竞赛要求；第三，网球竞赛的日期和地点；第四，网球竞赛的参加单位、竞赛办法等。

5）制订工作计划。当相关的部门制定好相应的竞赛组织方案之后就可以来制定具体的各项工作计划、工作的日程安排以及各部门的经费预算等。工作计划一定要详细具体，具有比较强的实践性和可操作性。

（2）竞赛中的工作。在竞赛期间，也有很多需要注意的问题，其主要包括：第一，对在场的每一位网球运动员开展思想教育工作；第二，相关的工作人员要不断调整比赛的各种进程，同时竞赛组要坚持当天就公布比赛的成绩；第三，及时地检查和维修场地；第四，当遇到特殊的情况时，竞赛组应该及时地告知各个相关的组织部门以及各个比赛的队伍；第五，维护网球场地的合法秩序；第六，及时地解决比赛进程中的各项突发问题；第七，保持场地的卫生干净；第八，认真准备和开展大会的闭幕式工作。

（3）竞赛结束后的工作。当网球竞赛结束之后，相关部门需要做好结束的工作，即组织和举行网球竞赛的闭幕式，并对该次网球竞赛活动进行总结和分析，为取得优异成绩的队伍颁发相应的证书和奖杯等。同时需要向上一级部门汇报这次网球竞赛举办的实际情况，并提出相应的建议。

2. 网球竞赛规则的制定

在实际的网球比赛期间，比赛的双方都需要遵守一定的网球比赛规则，这样比赛才能够顺利开展。具体而言，在比赛时，双方的球员各站立在自己的球网一边，球网是公共的，不属于比赛的任何一方队伍，但是任何球员的球拍或者身体等部位触碰到球网都是会被扣分的行为。此外，网球运动员的发球权并不是固定的，当一局比赛结束之后，双方之间就需要交换网球比赛的发球权。

（1）首发选择。通常在一般的网球比赛中，比赛人员会选择挑边器或者抛硬币的方法等来决定比赛双方的首先发球权。具体而言，挑边一般会有四种不同的选择，即第一种是选择发球；第二种是选择接球；第三种是选择场地；第四种则是放弃选择。

（2）网球比赛记分方法，具体如下：

第一，胜一局。比赛中球员每胜1球即得1分，记分15，（以15为单元的记分方法始于中世纪），整个一局的总数为60，60均等地分为四级，每级15分，其中40是45的节略。当双方各得40分叫丢司（Deuce），Deuce这个词来自法文Deux，表示要取胜必须连得2分，胜第二分记分30，胜第3分记分40，先胜4分者为胜1局。如遇双方各得3分时，则为"平分"。"平分"后，某一方先得1分，为"该网球球员占先"，"占先"后再得1分，才算胜1局。如一方"占先"后，对方又得1分，则仍为"平分"。以此类推，直到一方在"平分"后净胜2分才为胜该局。

第二，胜一盘。一方先胜6局为胜一盘。但遇双方各胜5局时，一方必须净胜两局才为胜1盘，也就是7∶5。如果双方的局数打到6∶6，就要以决胜局定胜负。

第三，决胜局比赛的记分方法有两种：一是长盘方法，就是某一方必须净胜两局才为胜该盘；二是短盘方法，就是双方再赛1局，胜者即为胜该盘，赛前另有规定的可以采用其他记分方式。

第四，短盘制的办法执行为：先得7分者为胜该局及该盘（若分数为6平时，一方须净胜2分）。决胜局的比赛，首先由发球员发第一分球，然后由对方发第二、第三分球，此后轮流各发二分球直至比赛结束。第一分球发球员在右区发，换对方发第二分球时，先在左区发，第三分球在右区发。双方得分之和为6以及决胜局结束都要交换场地。短盘制的记分：第一分球得分，报1∶0或0∶1，不报15∶0或0∶15，比分打到5∶5或6∶6时，需连胜两分才能决定谁为胜方,但最后在记分表上则统一写成7∶6。

第五,胜一场。一场比赛男子最多打5盘,5盘3胜制。比赛双方中先胜3盘者为胜一场。女子最多打3盘,3盘2胜制。比赛双方中先胜2盘者为胜一场。

(3)发球员发球。发球员在发球时应该按照一定的要求来发球,即发球员需要站在场地指定的地方用自己的手把网球向上空抛出去,发球员可以抛向任意的方向,然后在网球落地之前用自己的球拍击球,只要球拍和网球接触,发球员就完成了发球的动作。一般情况下,发球员在发球时,由于紧张或者压力比较大等因素会出现发球失误的现象,如果出现发球员两次发球机会都失误的情况,则裁判可以判发球员发球失分。

(4)发球失误。发球时的失误情况包括:①未击中球。如果发球员向上抛球,又不准备击球而用手将球接住,不算失误。②发出的球,在落地前触及固定物。③第二次发球。发球员第一次发球失误后,应在原发球位置进行第二次发球。如第一次发球失误后,发觉发球位置错误时,应按规则改在另一区发球,但只能再发一次球。④脚误。发球员在整个发球动作中,脚没有按规则站位。

(六)网球运动的裁判

1. 裁判的程序

网球裁判在接到裁判的任务之后需要充分准备裁判需要使用的工具,然后把记分表上面的相关内容填写完整。网球裁判走到场地上对场地进行充分的检查,然后测量实际的网高,并主持挑边。裁判在比赛开始之前需要调整自己的坐姿等,然后手中需要拿好比赛的记分表。当网球比赛马上就要开始时,裁判要向双方的运动员介绍对方运动员,介绍完毕后裁判就可以大声地宣布比赛开始。

在网球比赛中,裁判坚持的原则就是"先报分数,后记录分数"。裁判在比赛中报分数的声音一定要非常大,让比赛的双方球员以及在场的观众都能够听清楚,然后再快速地把刚才所报的分数记录在记分表上面。在报分数时，裁判的目光一定要扫视全场。在比赛的过程中，裁判一定要尽职尽责地时刻注意网球场地的各种最新动态和变化。一旦发现了违规的行为或者正常的比赛受到了外界的干扰，裁判有权力立刻终止比赛，不管目前的局势对哪一方的球员有利。在一分开始之前，裁判需要仔细观察接发球员的状态：查看他们是否已经准备好接球和比赛，然后裁判需要查看发球员是否已经准备好发球；当双方都准备好时就可以发球，这时裁判的眼睛还要时刻盯紧球的变化，观察网球是否有擦网或者出界的情况。在比赛中裁判要及时地判断球落地之后的状况，即裁判需要在1s~3s的时间内判定网球是否得分，如果超过3s的时间裁判还没有报出球是否出界则自动被认定球没有出界，就在界限范围内。

裁判如果对自己的判决有疑虑需要改判时，一定要很及时地进行改判，如果因为裁判判断失误导致比赛失去了公平，那么裁判应该组织双方球员重新比赛。如果裁判由于一些特殊的原因无法及时做出判断，那么裁判就先不要宣判出比赛的得分情况，以免失去比赛的公平性。如果在网球比赛的过程中，尤其是室外举行的比赛遇到了大风、暴雨等恶劣的天气时，比赛的主裁判可以做出暂停比赛的决定。裁判也需要立刻把这个通知告知裁判长，从而让裁判长来决定比赛是否继续，或者调整比赛的日期等。在裁判长做出调整比赛的各项决策之前，在场的所有运动员以及裁判员等都不能扰乱秩序，都需要在场地认真等待通知。

当网球比赛结束之后，裁判需要立刻从裁判椅子上面走下来，把比赛中使用的网球集中收集起来，然后离开场地。在这个过程中，不允许裁判和网球运动员进行交谈和聊天等，裁判应该保持很严肃和严谨的态度。最后裁判需要对记分表进行仔细检查，检查无误之后把这个计分表交给裁判长。

2. 计分的方法

记分表要填写清楚。先将比赛名称，双方姓名包括单位、场地号填写好。

在第××盘开始时间的格中填写本盘开始比赛的时间。比分记在

"Point"的下面方格内。上半部为发球方的得分。每一分球后，用铅笔画一记号。第几局谁胜，即在局数总计格中填上本方获胜局数的累积数。在记分表中规定的换球局附近应做一明显标志，画一横线"—"或"▲"等。

当比赛双方的比赛局数已经达到了6∶6平手的局面时，就可以进入决赛的阶段。比赛采取的方式是12分获得7分即为胜利方，该方也就赢得了这场比赛。每盘结束，裁判应迅速填写结束的时间和局数比。局数比一般表示为：6~4、3~6或6~5。以后每盘的记分方法同上。比赛结束，应将获胜方及盘数比填写好。最后主裁判签字，核对比分后送交给裁判长。

二、网球运动中的身体健康

（一）网球运动与身体生理健康

1. 网球运动提高身体素质

（1）柔韧素质。对于运动员而言，柔韧素质是一项必不可少的运动素质。所谓柔韧素质，就是人的各个肢体在运动时能够达到的幅度、人体各个关节在活动时所能够达到的范围以及韧带、肌腱等软组织所具备的伸展能力。从生物学的角度来看，柔韧素质所受到的影响包括肌肉纤维的弹性、关节周围组织的伸展性等。从训练学的角度来看，柔韧素质所受到的影响包括训练的手段、环境的温度等。一个人的柔韧素质，与其自身的关节灵活度和肌肉、韧带的弹性以及神经系统在调节肌肉方面所具备的能力是密不可分的。

在进行柔韧素质的训练时，可以采用两种方法进行：一是静力拉伸法；二是动力拉伸法。静力拉伸法，就是在训练中采用比较缓慢的动作对肌肉和韧带等进行拉伸，当其达到一定的程度时，则使动作暂时静止，这样，软组织就保持在一种拉伸的状态。静力拉伸的方法最大的优势在于它可以有效地对组织的伸展性进行锻炼。动力拉伸法，指的是对同一动作进行多次的、有节奏的练习，进而达到软组织不断拉长的效果。这种方法的明显特点就是在进行主动地拉伸动作的时候，肌肉的张力变化在处于最高峰数值时可以比静力拉伸多一倍。

无论是静力拉伸还是动力拉伸都有主动练习和被动练习的方式。需要注意，在进行被动拉伸的练习时，在动作的幅度上应当比主动拉伸大一些；可以在进行柔韧训练的准备阶段或者是训练课之后安排被动性的拉伸练习；主动拉伸练习通常应当安排在被动拉伸之后。

（2）灵敏素质。灵敏素质同样是一种运动员必不可少的素质，指的是运动员在面对各种突发状况的时候，准确、协调、迅速地完成各种相应的动作的能力。灵敏素质具有非常强的复合型特点，具体而言，灵敏素质体现在运动技能与素质以及各种心理感知能力等诸多方面，对于技能类的对抗性项目而言，灵敏素质是一种处于核心位置的素质，它对于集体性运动战术的形成具有决定性作用。一个人如果具备较强的灵敏素质，指的是他同时具备了较好的准确性、协调性、快速性与应变性。从生物学的角度来看，能够对灵敏素质的发展产生影响作用的因素包括基本素质的影响性、动作结构的合理性以及运动技能的储备量等诸多因素。灵敏素质的训练可以采用两种方法：一是因素训练方法；二是综合训练方法。

因素训练方法，指的是依照灵敏素质结构内所包含的各类因素所能够产生的影响力，综合考虑各因素的特点，对各种因素进行有针对性的训练，以达到实现灵敏素质整体提升的目的。因素训练方法所涵盖的内容非常多，一般来说，包括时空判断力、反应速度、平衡能力以及下肢脚步的速度等，除此之外，还包括身体躯干动作的合理程度以及肢体的各种动作的协调性等。需要注意的是，在采用因素训练法之前，应当首先做好检查性测试。

综合训练方法，指的是将灵敏素质结构中的某些或者是全部的影响因素进行有机的编排，从而使运动员在面临各种突发情况的时候能够根据需要做出各种相应变化的组合排列方法。这种方法的运用可以有效地提升灵敏素质结构中的应变能力，还可以使衔接技术的质量得到较好的提升，也可以对变异组合下的诸多运用技能进行很好的强化。与因素训练法相比较而言，综合训练法侧重于从整体上对各种动作进行训练。

（3）弹跳素质。弹跳素质并非一种单一的运动素质，其具有较强的复合型特点。对于很多运动项目而言，弹跳素质都是它们运动技术基础素质之一。尤其是对于各种集体性球类运动来说，弹跳素质更是至关重要的。例如，羽毛球运动中的底线扣杀、网球运动中的扣球以及篮球运动中的空中扣篮等，都离不开弹跳素质。除此以外，对于一些运动项目而言，弹跳素质还是作为直接的比赛内容的，如跳远、跳高等。由此可见，诸多运动项目都离不开弹跳素质的支撑，因此弹跳素质的训练是至关重要的。对弹跳素质进行训练可以采用三种常用的方法，一是最大力量训练法；二是速度力量训练法；三是弹性阻力训练法。

最大力量训练法，就是采用深蹲与半蹲力量以及负重提踵等方法所进行的训练。需要注意的是，练习时的各种动作都不能违背生物力学的动作原理，否则将会造成肌体的损伤。进行负荷训练时需要注意：①做好训练之前的各种准备活动；②负荷的次数与强度可以根据实际情况逐渐增加，每组训练控制在5次~8次比较适宜，负荷强度在85%以上训练效果较好。

对弹跳素质进行训练的第二种方法是速度力量训练法。弹跳力需要依赖诸多肌群的支撑，如腰背肌群、伸膝肌群、屈足肌群等。通常情况下，速度力量的训练必须重视负重练习手段的运用。在练习的动作方面，也不能违背生物力学的动作原理。在进行负重训练的时候，需要注意：①做好训练之前的各种准备活动；②重视准备活动中被动拉伸练习的重要性；③各种动作的负荷练习次数控制在5次~8次/组，负荷强度维持在80%~85%比较合适。

弹性阻力训练法的实施需要借助各种器材来进行，常用的训练器材包括测功仪、橡皮带等弹性阻力较强的设备。就传统的力量负重练习而言，其主要是刺激动作发力角度的各个肌群。众所周知，物体的运动是有惯性的，在刺激动作发力角度之后，各个肌群所受到的负荷刺激无法满足训练弹跳力所需的各种小肌群的训练，所以借助各种器材进行训练就显得尤为必要了。

2. 网球运动帮助减肥

（1）网球运动对于减肥的意义。当人们在网球场上运动时，除了根据击球的需要进行快跑与慢跑之外，还需要掌握正确的呼吸方式。网球运动作为一项倍受欢迎的球类体育项目，是一种有氧运动形式，对肌体脂肪的消耗是有非常明显的作用的。其对于脂肪的消耗与慢跑运动非常相似，而且，在进行过网球练习之后，人们并不会有非常强的疲劳感。这是因为在练习网球的过程中，人们能够根据自身情况对练习的强度进行自我调整，因此，网球练习不仅使人们达到了锻炼的目的，还为人们提供了放松的机会。

（2）网球运动减肥要遵循循序渐进的原则。虽然网球运动对于减肥的效果非常好，但是在实际练习时，除了要坚持练习之外，每个人还应当根据自身的实际情况对练习进行相应的调整，才能达到良好的塑身效果。具体而言，应当注意：①对于练习的时间应当合理把握。在练习的过程中，要有效地把握练习的内容、强度与数量；②每周练习的具体次数应当固定下来，并且长期地坚持下去；③如果在练习时遇到特殊状况应当进行仔细的分析处理，并及时对运动的强度与数量进行有效的调整；④通常坚持练习一到两个月的时间，就会出现非常明显的减肥效果，但是接下来的减肥效果则会比较缓慢。此时不应放弃练习，也不能立即加大运动量，而是逐渐增加运动量，坚持不懈地保持运动。

（二）网球运动与身体健康和心理健康

1. 网球运动能够强身健体

网球运动是一种非常健康的有氧代谢运动，经常参加网球运动的人心脏的收缩能力会比一般人强许多，而且随着不断地进行运动锻炼，心率会逐渐减慢，从而使心脏获得较好的休息。与此同时，坚持参加网球运动能够有效地提升体内白细胞的数量与功能，从而不断增强自身的免疫力。此外，网球运动与所有的体育项目一样，对于人的肌肉功能的锻炼效果是非常明显的，能够达到强身健体、塑造体形的良好效果。

2. 网球运动帮助充分表现自我

大学生经常参加网球练习和比赛，可以促进自身思考能力及解决问题能力的提升，帮助更好地认识自己、提升自己；与此同时，网球练习和比赛还可以对情绪进行有效的调节，使大学生保持稳定的情绪状态。在网球场上，大学生尽情地发挥自身的优势，充分地展现自己的风采，将自己的技术展现给所有的人，这是对自身的一种肯定，也是一种自我价值的实现，而且大学生也可以充分体验到成功的喜悦，增强对网球运动的热爱。

3. 网球运动能促进个体社会化

个体社会化，其实就是人的社会化。一个人生活在社会之中，就必然要掌握这个社会中普遍的价值体系、生活技能以及行为规范，从而不断地适应整个社会大环境，这就是人的社会化过程。在参与网球运动的过程中，随着自身水平的不断提升，大学生所接触的网球训练与比赛水平也会更高，这有助于大学生不断向着更高的目标奋进，不断实现自我能力的提升。与此同时，大学生的人际交往也会更加广泛，形成更和谐的人际关系，从而促使大学生不断认识自我，发现自身的优势，培养自尊心与自信心。

4. 网球运动有助于减轻焦虑

大学生短时间参加体育锻炼能够在短期内缓解自身所面临的一些心理上应激的症状；而长时间参加体育锻炼则能够长期地对心理疾病产生良好的抑制与缓解效果。因此，在心理上存在焦虑的人如果长期坚持参与网球运动，不断与他人交流、合作，将能够有效地改善自身的心理状态。由此可见，网球运动是一项可以调节人的情绪、使人更加放松与快乐的运动项目，在长期的网球运动中，大学生会形成更加积极的情绪状态，摆脱各种不良情绪的影响。

5. 网球运动能培养责任感

参与网球运动的过程其实也是一个不断增加自己的价值积累的过程，在网球运动中，大学生不断对自我进行剖析，认识自己的现状，并积极迎接各种挑战。可以说，网球运动对大学生的培养效果是其他课堂教学所无法带来的。在网球运动中，大学生会更加积极地与别人进行交往，在积极接纳自己的同时也接纳其他人，并且在团结合作中培养自身的责任感，这样，帮助我们无论是在以后的学习中、生活中还是在工作中能够保持高度的责任感。

第二节　网球教学质量提高的创新思路

一、丰富网球训练教学内容

与其他体育项目的教学一样，网球教学的主体是学生，教学内容要围绕学生来开展，为学生制订既合适又丰富的教学课程。但是和其他体育项目相比，网球的课程有较强的互动性，在教学过程中需要学生和老师进行交流和双向互动，才能有所成效。当然，教师也可以在教学过程中加以创新，结合自己对网球的理解，适当改变网球课程中的动作训练，让它更能被学生接受和理解，以适合当下社会和网球项目发展的趋势。

二、创新网球训练教学方法

在任何一种体育项目中，都要求学生有较高的身体素质，网球训练也一样。在网球训练教学过程中，一方面，教师作为教学者，要不断提高自身的专业素养，增强创新能力和意识，在教学过程中对教学内容进行持续研究和探索；另一方面，教师对网球训练中的动作要进行指导和矫正，力求每个学生能把动作学到位、学标准。需要注意的是，教师在矫正学生的动作时，要采取合适的方式。比如，使用动作分解、分组教学等方式，形成教师和学生、学生和学生之间的互动，这样才能帮助学生规范动作，纠正动作，不断提高教学效果。

三、积极进行网球训练课堂延伸

高校的网球课程往往作为选修课供学生选择，其学时和学分在大学生的所有学分和学时中比重较小，所以高校一般在网球训练课程上投入的师资力量比较少。在有限的教学环境和师资力量条件下，要想使教学效果最大化，教师在开展网球训练课程时一定要结合自己的认识拓展和延伸教学内容，给学生讲解网球训练的背景、发展历史、文化内涵、发展过程等内容，引导他们发表自己的看法和见解，让他们从各个方面感受到网球的魅力，从而更加热爱网球，真正实现网球训练的意义。

四、革新网球训练考评方式

与其他体育项目相比，网球项目经过了漫长的发展历程，网球训练的过程也包括了网球浓厚的文化背景和娴熟的技巧，它是传播体育文化的有利途径。为了让学生在网球训练的过程中充分了解网球的文化和掌握网球技术，教师在考核学生的网球时，要将动作标准与否和学生对课程的感受一并进行考核。具体来说，教师要对学生的网球动作、技巧娴熟度进行考核，甚至对他们设置更高的要求，让他们结合自己的亲身感悟进行创新。采用这种创新、全面、系统的考核方式才能让学生更重视网球训练，使他们加强学习，增强训练，强壮体魄，不断磨炼自己的意志。

第三节　网球课程体系及其构建的思考

一、网球课程体系的理念

网球课程的理念就是"人本主义"，而人本主义课程的本质应着重体现在两方面：一是大学教学管理模式应由"学科结构"向"学习结构"的方向转移；二是大学教学目标要由关心学生的技能发展向学生的情感协调发展转移。在此过程中，"学科结构"旨在强调发展学科自身的逻辑性，往往会忽视发展学生个体的身心特点与需求，单纯地将网球的教学内容设计成很多项目，并且还要求全体学生统一学习网球的课程。而"学习结构"除了考虑学科结构，还着重强调学生自身的知识技能与身体的健康发展状况。与之同时改变的，还有教师在教学过程中发挥的作用，体现了教师长期作为体育课程的被动命令者向课程的主动参与者转变、由知识与技能的传习者向学生体育创新能力的培养者转变、由学生课程成绩的裁判者向学生兴趣、爱好的培养者转变的主体指导作用。在促进体育课程向尊重多元化和个性差异转变的同时，还要实现网球课程的生成性与开放性。

二、网球课程体系的构建

（一）网球课程的目标体系构建

大学要坚持树立将学生的素质教育与"人本主义"相融合的课程理念，从学生的身心健康、社会三维健康观及网球课程的特点出发，充分借鉴优秀的网球教学经验，将网球课程目标体系科学、合理地划分为系统的领域。在大学网球课程教学过程中，教学目标的设定对网球课程的建设有一定的指导作用，更加明确了大学的教学任务。网球课程的设置，其主要教学目标就是提高学生的网球技术水平，并培养学生对网球的学习兴趣。当前，体育课程的目标应是实现"运动参与、运动技能、身体健康、心理健康、社会适应"，因此，网球课程的教学目标也应围绕前述的五个方面来制定。

（二）网球课程的内容体系构建

网球运动本身就具有专业性强、入门困难的学习特点，因此，在设置有限的网球课时周期时，将教学内容侧重于让学生掌握网球的基本技能，而针对网球课程的理论、战术方面只作简单的介绍。网球课程具有较强的教学专业性，学生对技能的掌握需要的时间也相对较长。而当前的大学体育课程课时很短，因此，大学网球课程教学更应做到有针对性地培养学生。除此之外，为了使教学模式尽可能多样化，以适合学生不同水平、不同身体素质的情况，教师可在教学过程中设置理论、技术和战术教学等教学内容，不断地指导学生学习网球。另外，大学也可按照学生网球水平分班，可按照学生能力的高低分为初级班、中级班和高级班，其中初级班的教学内容以理论知识为主，主要指导学生的基本网球技术；中级班可以指导学生学习更高级一些的网球技能；高级班则可以指导学生了解、掌握一些关于网球比赛的常识。

根据学生的具体情况，来设定适合学生学习的网球教学内容。

（三）网球课程的方法体系构建

教学方法的构建会直接影响教学水平的发展，作为实现大学教学目标、提高大学教学质量服务的管理内容，教学方法的设置应根据项目自身的特点、学生技术发展状况、大学整体的体育教学目标和大学场地环境条件等因素来安排。科学、合理的教学方法可以促进学生快速提升运用技能，并且可以快速地提高教学质量。在提高学生对网球运动的学习兴趣时，还能提高学生的自信心，并最终达到使学生树立终身体育的目的。

改革教学方法主要是对组织形式和教学手段等进行变革和创新，合理的、有效的、科学的教学方式有利于帮助学生加强对网球课程的感悟和理解，刺激他们加强学习，激发他们学习网球的兴趣和热情，娴熟地使用网球技巧。高校在组织开展网球教学时，要结合自己具备的教学资源和教学环境，以及选择网球课程的学生情况对教学内容和课程进行设置，也可以在教学过程中利用创新手段。比如，在教学方法上，根据已有的网球运动项目设施，利用多球练习和单球练习的方法组织教学。也可以采用小组教学和分级教学的方式，其中，小组教学是以一定的教学原则为基础，把学习网球的学生划分成不同的小组，加强学生之间的互动和相互学习，从而提高他们对网球运动项目的热情，提高他们的技巧，不断培养学生之间团结协作能力；分级教学则是根据学生在网球上的不同技术水准划定不同等级的班级，对他们因材施教，不同等级实施不同的教学。

（四）网球课程的评价体系构建

1. 学习评价体系

学习评价体系是整个教育评价过程的核心环节，主要分为两种评价方式：①学生自评、学生互评。参与评价的内容一般是学生学习的态度与行为、学生之间的交往与合作；②教师评价。主要评价内容为学生的运动体能状况和运动技能的掌握情况，其中运动能力占40%、理论考试评价占20%，而日常学习评价则占剩余的40%，同时在教学中要实行不及格、及格、中、良、优的等级评定规则。

2. 教师教学评价体系

对教师的评价内容一般包括教师备课情况、教学目标设定过程、课堂活动的组织、教材内容的讲解和教学方法的创新运用等方面，都属于过程性评价体系中的基本项目评价。学校通过对教师这些具体教学行为的考查，便可从"过程"的角度来衡量一个教师的体育教学水平。

3. 课程建设评价体系

大学网球课程教育评价体系的制定，要严格依据《全国普通高等学校体育课程教学指导纲要》和"人本主义"教育观念开展，要充分体现现代化教育的评价观念，体现教学与评价一体化的全面性和过程性。体育课程的评价标准一般是针对学生对体育课程学习效果和过程的评价，包括体能和运动技能、学习态度和锻炼学生的合作能力等内容。在大学课程建设评价体系中，应综合考虑学生的学习能力水平，对监督学生的学习态度方面，要着重考察学生的体育课出勤情况、纪律情况和网球学习的主动性；考查学生的技术能力，应通过学生对网球学习的具体实践展开。

总之，大学网球课程的评价体系应围绕提高学生的综合素质水平进行制定，确保学生的评价结果真实有效。

第四节　现代网球运动的可持续发展

网球运动可持续发展，指的是从时间、数量与质量三个方面对网球运动项目的结构与要素进行有效的调控，从而使网球运动获得持续、稳定、健康的发展。更具体的分析，这一概念包括了三个层次的内容：①网球运动可持续发展的根本目标在于促进网球运动项目紧跟社会的发展而实现时间、数量与质量三方面的发展，从而不断满足人们日益增长的网球运动需求；②网球运动可持续发展不受人们主观意志的约束，而受到客观因素与条件的影响，其发展过程中的逻辑层次与构成要素都具有自身的特殊性；③网球运动要实现可持续发展，最根本的途径是从时间、数量与质量三个方面对网球运动项目的结构与要素进行有效的调控，使其和谐地发展。

一、现代网球运动可持续发展的特点

第一，现代网球运动与社会活动相比的发展特点：①与物质生产等社会活动相比。物质生产的根本目的是满足人们对物质的基本需求，而网球运动可持续发展则是在人们的基本需求获得满足基础上进行的，其目的是满足人们对于网球运动的需求，从而促进人与社会的全面发展与进步。②与经济等社会活动相比。经济的可持续发展很大程度上与环境、资源等因素相挂钩，但是网球运动的可持续发展则并非如此，而是与社会中的政治、经济、文化等因素密切相关。因此，网球运动的可持续发展，应当充分立足于现实的社会基础，充分考虑各种因素，在此基础上不断发展。

第二，现代网球运动与乒乓球和羽毛球运动相比的发展特点：我国网球运动的可持续发展应当充分考虑网球运动的特殊性，走出一条区别于乒乓球和羽毛球运动发展的路线。

二、现代网球运动可持续发展的原则

（一）遵循网球运动自身的发展规律

网球运动与其他的体育运动项目一样，有其自身发展的规律。纵观我国多年的网球运动发展历史可以发现，对于网球运动的发展规律我们已经有了诸多的认识，这对于未来网球运动的发展是非常有益的。在当前的社会大背景下，网球运动的可持续发展应当在遵循网球运动的发展规律的基础上，不断探索新的路径，积极开拓创新，促进网球运动实现更好的发展。

（二）坚持以开展体育运动为目的

网球运动作为一种重要的体育运动项目，其开展的目的应当与我国开展体育运动的根本目的保持一致，即增强人民体质，提高全体人民的体育运动水平，从而不断促进社会主义物质文明与精神文明建设。当前，国家对网球运动开展采取了一系列的扶持措施，就是为了使其在实现体育目的的进程中发挥重要的作用。所以，网球运动的可持续发展必须坚持以开展体育运动为目的，脱离了这一原则，网球运动的开展就失去了原有的价值与意义。

（三）顺应我国体育发展方向和趋势

为了促进经济的发展，国家加大了经济体制改革的力度，在此背景下，体育也开始朝着产业化与社会化的方向发展。网球运动必须顺应当前我国体育改革的方向与发展趋势，紧跟时代的潮流，才能实现可持续发展。

三、现代网球运动可持续发展的影响因素
（一）社会类因素
1. 网球的职业化因素

职业，指的是个人从事某一工作，并将其作为主要的生活来源。网球运动作为一项重要的体育运动，具有非常高的职业化程度。在最早走职业化道路的运动项目中，就有网球的这一项目。1992年，国际奥委会开始允许职业选手参加比赛，并且根据当时的国际排名对"种子"位置加以确定，这促使中国网球逐渐认识到了参加职业网球比赛的重要性与提高网球国际排名的重要意义。

2003年，我国开始对女子网球进行了职业改革，自此之后，传统的"以练为主，辅以比赛"的模式不再使用。运动员有了更多的参加国际女子职业网联（WTA）赛事的机会，随之而来的是比赛经验以及积分与奖金的增加。与此同时，一些运动员开始脱离团队，走上了向职业化队员转变的道路。实际上，就国际上而言，在早期投入比较多的职业网球圈之中，运动员都是职业化的自由人，无论是开展训练、选教练还是选比赛，都需要运动员自己进行安排。从这一方面而言，在我国网球运动项目中，真正的职业网球运动员较少，主要原因在于，我国所有的网球运动员在训练路径上都是走的举国体制道路，而不是单纯依靠个人的力量进入世界职业网球赛事的。因此，就我

国的现实状况来看，网球运动的职业化与举国体制之间不是绝对对立的，而是一种具有中国特色的网球职业化道路。

在过去一段比较长的时间内，我国的网球职业化发展非常缓慢，主要原因在于对职业化的认识不足、意识上比较欠缺。任何一种先进的技术与先进的方法都是离不开先进的理念的，因此，对于网球运动的发展而言，先进的理念是至关重要的。只有积极引入先进的理念，网球才能取得迅速的发展。对于管理人员而言，应当从思想上加强对网球职业化的认识，从而制定出与职业化发展需求相符合的各种管理政策与方法；对于教练而言，只有从思想上强化职业化认识，才能够做到以职业教练的标准对运动员进行网球训练，并且根据合约的要求与运动员共进退；对于运动员而言，只有实现了自身的职业化，才能够不断激发自身的潜能，以职业网球运动员的高标准来严格要求自己，并不断向着更高的目标奋进。

在我国刚开始倡导网球职业化发展时，很多人都持有一种观念，就是成立职业网球俱乐部并且积极组织网球联赛就可以实现网球的职业化发展了。这种观点是有些片面的，无法有效地改变当时中国网球在人才培养以及网球市场方面的落后局面。实际上，从国际上来看，也只有中国举办了职业网球俱乐部之间的联赛，并且在当时这也是中国网球级别最高的团体比赛，但是，最终没有取得预期的效果。究其原因在于：职业运动员的收入取决于网球俱乐部的发展状况，没有与网球市场联系在一起；俱乐部自身的新陈代谢能力不足；职业俱乐部之间的联赛举办水平非常有限；网球文化底蕴比较浅，难以支撑长期的发展。因此，处于初期阶段的网球职业化无法与世界范围内的网球职业化相比。当时一些水平比较高的运动员都倾向于参加国际比赛，而国内的职业化俱乐部联赛参与者都是一些水平比较低的运动员，这就导致运动员无法在比赛中获得有效的技能提升，网球职业化自然也无法取得预期的效果。虽然网球俱乐部职业联赛并没有取得最终的成功，但是不可否认，它对于我国的网球运动职业化与市场化起到了非常有力的推动作用，也为后来的网球职业化发展积累了许多有益的经验。

2009年初，我国的网球职业化发展又向前迈出了一步，女子网球运动员中的一些成员开始从团队中退出而独自发展。这种现象的出现是由当时历史条件所决定的，随着国际范围内网球运动的不断发展，只有不断创新自身的发展机制，才能占据一席之地。网球运动员的独自发展是需要有一定的实力的，只有那些进入世界排名前30名~50名的运动员才有这个能力，而对于那些比较年轻的运动员而言，最好的培养方式依然是举国体制。因此，就我国的网球职业化发展而言，正在走着的其实是一种"一项两制"的道路，也就是在培养运动员时采用举国体制，并且积极参加各种职业化的国际赛事、赢取积分、强占排位、获得成绩。从全世界范围来看，中国所采取的这种网球发展模式是绝无仅有的，也就意味着此前没有任何可以借鉴的经验。因此，就这一点而言，中国的网球职业化发展还有很长的路需要探索，对此应当积极研究、潜心探索，才能真正找到适合自身的发展道路。

2011年6月，中国网球运动员在法国网球女子单人决赛中，以2∶0的成绩战胜了意大利选手，赢得冠军，这对于中国网球的发展进程而言是一个崭新的里程碑。在接受媒体采访的时候，获奖运动员曾表示虽然自己独自发展了，但是自身的成就与年少时举国体制的培养是密不可分的，如果没有前期的举国体制培养，也就不会有今天的成绩。这也说明了，在对网球运动员进行培养时，创新机制是非常关键的。我们应当不断加快改革的步伐，让更多的网球运动员实现飞跃式的发展。例如，当前我国多次举办网球公开赛，以2020年中国网球巡回赛广州站为例，本站赛事设置男子单打、男子双打、女子单打以及女子双打四个项目，单打正赛设置64签位，双打正赛设置32签位。单双打正赛名单新鲜出炉，网坛一众名将新星齐聚黄埔，为广大网球爱好者呈现网球盛宴。

2. 经济的投入因素

在竞技体育运动发展的过程中，政府拨款一直是支撑运动员培养与各种比赛的主要投资来源。在政府的关注与重视之下，中国出现了一代又一代的世界冠军与运动明星，获得了众多的金牌，也为中华民族争得了非常多的荣誉。自20世纪90年代开始，虽然体育事业的发展仍然规定由政府来拨款，但是一个非常现实问题就是，政府所拨的经费总数是有限的，在此背景下，一些受到西方职业体育影响并且有较强的经济能力的人开始对体育运动进行个体投资，为体育运动的发展注入了更多的资本，也由此产生了许多优秀的运动员。

值得注意的是，与其他的诸多体育运动项目相比较而言，网球具有其自身的特殊性，除了在运动员的培养上需要巨大的投入之外，还需要花费较多的资金参与各种比赛，所以这是一项花费非常多的运动项目。所以，单纯依靠个人力量来培养优秀的网球运动员是不现实的。从根本上而言，中国网球想要在世界网球中占据一席之地，最关键的还是要将政府投资模式的优势最大限度地发挥出来。当前我国实行的竞技体育举国体制与竞技体育的发展目标是一致的。未来网球运动要获得更好的发展，最重要的是在不断吸收多元化的投资的基础上保证政府的投入并不断加大投入的力度。

3. 社会的普及因素

对于网球运动的可持续发展而言，社会普及因素是一个至关重要的影响因素。网球运动作为体育运动的一个重要组成部分，只有不断提高普及程度，扩大影响力，吸引更多人的参与，才能有效地发挥其自身的作用，从而使网球运动充分发挥增强人民体质的功效，并且有效地推动对我国体育目标的实现。

对于一个运动项目而言，其经济水平的提升在很大程度上受到其社会普及程度的影响。网球运动也不例外，只有网球的社会普及程度提高了，懂得网球的人才会越来越多，也才会有越来越多的人支持学生参与网球训练与比赛。相应地，网球运动员的增多，会为网球运动的发展注入崭新的活力，使运动员在良性的竞争中不断实现提升，从而培养出更多的网球人才。

早在2008年开始，中国网球协会为了更好地普及网球运动，就开展了规模巨大的网球普及和推广活动，这项活动每年都会在全国多个城市推广网球教学并且对网球选手进行选拔。这一活动开展的根本目的是不断推动网球运动的社会普及程度，促进更多的人认识与参与网球运动，从而不断从中培养优秀的网球运动员。我国在网球运动员的培养方面一定要树立强大的信心，并积极采取各种培训措施，协调各方面的努力，为网球运动员的发展提供强大的支撑。

网球运动的可持续发展需要良好的保障体系作为支持，其中包括训练场地、训练器材、文化教育、科技服务以及退役安置等诸多方面的内容。在完善的体系保障之下，运动员才能顺利地参加网球培训与比赛，并且取得优秀的成绩。就中国的网球保障体系而言，各种保障措施还是比较完备的，如训练场地、训练器材、医疗服务等。

当前，各种媒体非常盛行，并且已经深入人们的生活。媒体对事件的宣传能够有效地扩大事件的影响力，从而引起社会的广泛关注。正是由于媒体对网球的宣传，才使更多的人对网球公开赛与众多优秀网球运动员有了一定的认识。对网球运动明星的关注能够在很大程度上激发人们参与网球运动的兴趣，从而不断提升网球运动的社会普及程度。

（二）训练类因素

1. 训练因素

网球的专业化培训应当从运动员年龄较小时开始。要培养一名优秀的网球运动员，在培养的过程中，运动员与教练员的交流时间每天应当不少于3h。如果运动员在16岁或18岁时，仍然没有形成非常良好的心理特点、打法类型、个人战术的话，往往是很难在以后的时间内进行补偿与纠正。由此可见，早期的专业训练对于运动员而言是至关重要的。

对于网球运动员的发展，波利泰里尼训练理论划分了四个主要的阶段：第一阶段是5岁~10岁，主要是培养对网球的兴趣；第二阶段是10岁~14岁，主要是对运动员进行单纯的网球训练；第三阶段是14岁~18岁，主要是训练运动员学习如何进行专业的比赛；第四阶段是18岁以上，主要训练运动员学习在比赛中获得胜利。就当前而言，我国在对大学生网球运动员进行训练的时候，存在对身体素质训练过分强调的现象，因此在实际的网球训练中，运动员往往需要花费大部分的时间用于身体素质与单一技术的训练，其最终的结果就是运动员无法拥有充足的时间进行技术的提升，从而导致运动员成长速度缓慢，成才率也比较低下。与此同时，教练在对运动员进行技术教授的时候，往往缺乏技术创新，也在很大程度上限制了运动员水平的提升。在这样的模式下训练出的运动员，虽然平时训练中表现良好，但是当他们真正在赛场上与其他优秀运动员对决时，差距就显而易见。

大学生网球运动员的训练应当根据他们的个人特点进行有针对性的训练，使他们形成自己的打法类型、战术战略，做到在每个环节中游刃有余。只有进行有针对性的专项训练，才能从根本上加深运动员对专项训练的重视，从而不断提升自身的专项技术水平。需要注意的是，在进行专项训练的时候，应当具体问题具体分析，根据运动员的自身情况进行有针对性的训练，还可以采用一些其他的训练方法进行辅助训练。但是，辅助训练在量上不应当多于专项训练。

通常而言，网球专项训练既包括身体素质、技能与形态的训练，也包括战术与技术的训练。网球运动员自身的竞技水平往往受到六个因素的影响，即发球速度、回击球速度、反应速度、移动速度、连续击球能力以及网球运动的专项耐力。在平时的训练中，教练员应当对专项训练给予足够的重视，根据运动员的自身特点开展针对性训练，并配合一定的实战性训练。从根本上而言，运动员以上六种因素的正常发挥有赖于自身充足的体能，所以进行体能训练是日常训练中至关重要的一部分。只有具备了良好的体能，运动员才能适应高强度的对抗性比赛并取得优秀的成绩。就当前来看，我国的网球运动员在训练时间方面基本保持在5h~7h的范围之内，并且秉持"三从一大"（"三从一大"训练原则是指训练过程中从难、从严、从实战出发，坚持大运动量训练）的训练原则。然而，仅仅依靠这些还是不够的，除此之外，还应当充分地掌握网球运动的发展规律，并且认清其未来的发展趋势，才能更好地开展网球训练。

2. 竞赛因素

对于竞技体育而言，竞赛是一个至关重要的组成部分。只有通过竞赛，运动员的训练效果与技术水平才能更好地体现出来。任何一种运动项目的竞赛都有自己的规则与日程。参赛者在为参赛做准备的日常训练中应当充分考虑竞赛的各种因素，并据此来制定训练的计划，确定训练的目标。运动员在参与竞赛的过程中，不仅可以发现对手的优势，还能够在与对手的对比中发现自身的不足，从而在日后的训练中积极调整自身的技术、战术，以不断提升自身的水平。

就世界范围而言，网球是一种职业化、商业化与个体化程度都非常高的运动项目，其竞赛制度与其他运动项目相比特点比较突出。众所周知，多数球类比赛项目的最高水平都集中在奥运会、世界杯与世锦赛，但是网球运动则并非如此，而是集中在国际网球联合会、国际女子职业网球协会以及国际男子职业网球协会所举办的各种赛事之中。职业网球协会应当为职业网球运动员提供更好的条件与机会，使他们能够更好地参与各项赛事并取得优秀的成绩。

当前，我国所实行的竞赛制度使得网球运动的发展获得了良好的保障，经费投入逐渐增加、训练设施相对完备、医疗服务周到等，都对网球运动员的培养与网球运动的可持续发展起到了积极的推动作用。当前我国的网球运动在训练体系上层次分明、划分细致，较之前有了很大提高。

要想提高网球的整体水平，需要做好基础性的工作，其中就包括多举办一些比较适合年轻人参加的比赛。国际网坛上的男子和女子系列的挑战赛就是专门对职业球员进行训练的场所。在这里，球员可以通过训练逐渐达到国际比赛的条件，国际上一些比较著名的球星就是在参加挑战赛中开始自己的网球生涯的；中国很多知名的球星也是通过参加各种各样的网球挑战赛来不断提升自己的球技和水平，并且达到国际职业比赛的要求的。因此，我国网球运动管理中心对中国的网球竞赛体系进行进一步完善，逐步建立多样的竞赛体系，把国际比赛和国内比赛进行有效的结合。需要注意的是，国际比赛和国内比赛的数量要合理、级别要适当、周期的安排要科学，这样才能借助比赛，不断提高球员的技术水平，促进国家整体排名名次的提高。

3. 市场开发因素

当前，我国的市场经济体制不断建立并且不断完善，体育所具有的产业功能和价值功能也越来越明显。现在世界体育产业发展迅速，并且成为国民经济新的增长点。体育产业涵盖在第三产业之中，我们要想建立社会主义市场经济体制，就需要发展体育产业，这和中国经济的战略性调整相适应，有利于内需的扩大，有利于促进经济的增长，有利于实现现代化建设的发展目标。当前，中国的体育事业发展的新趋势就是大力发展体育的产业化，这也使得国内的很多品牌开始向网球市场发展，比如"青岛啤酒""李宁""安踏"等。网球市场的发展既促进了品牌广告的发展，也为网球运动员提供资金支持。

中国发布的《关于加快发展体育产业的指导意见》（以下简称《意见》）在国家的层面上对体育产业的政策性文件进行公布。《意见》指出，加快发展体育产业，对于拓展体育发展空间，丰富群众体育生活，培养体育人才，提高全民族身体素质、生活质量和竞技体育水平，促进我国由体育大国向体育强国的转变，促进经济社会协调发展，具有重要意义。《意见》还指出，加快发展体育产业的重点任务是，大力发展体育健身市场；努力开发体育竞赛和体育表演市场；积极培育体育中介市场；做大做强体育用品业；大力促进体育服务贸易；协调推进体育产业与相关产业互动发展。同时，加快发展体育产业要加大投资融资支持力度，完善税费优惠政策，加强公共体育设施建设和管理，支持和规范职业体育发展，加强体育无形资产开发保护，加快体育市场法制化、规范化建设，加快体育产业管理人才培养。需要强调的是，《意见》这一文件主要针对的是竞赛表演等体育的主体产业，还将对体育产业投资融资体制机制进行创新，还要进一步加大国内和境外资本的投入。除此之外，还要对体育人才进行培养，对网球专门人才的智力进行投资。

中国的竞技体育只有不断进行创新发展，才能在世界的体育舞台上占有一定的地位。中国网球体育中广泛地运用现代化的科学技术，这对网球运动的发展和进步具有很大的作用。使用科学技术来制作网球用品，有助于促进网球技术水平的提高。使用科学原理来对运动员进行培训，采用较为科学的方法，还使用较为科学的仪器和设备进行试验，这样可以促进运动训练的科学化。教练员使用比较先进的数码设备分析运动员的技术，并对其情况进行反馈，这样可以提高运动员的技术水平。

在对网球用品进行制作的过程中，我们已经大量地使用较为先进的科学技术。很多品牌的球拍都借助于高科技手段来促进球拍性能的提高。邓洛普气凝胶D（Dunlop Aerogel）4D（4D就是4维，表示4个不同方向的编织法）球拍，使球员对网球拍的触感和球感有更好的适应性。HEAD革命性神功科技将能量转换成最大的威力。威尔胜（Wilson—美国品牌，是目前国际市场占有率最高的网球拍品牌。）第一次把超钢性碳纤维用于球拍的制造，使其强度和硬度增加，重量变轻。球拍经过纳米科技处理，可以让球打得更好、更持久。

在对网球鞋进行制造的过程中，我们也使用了高科技手段。HEAD把高科技应用于中低鞋跟的部分，其对撞击的能量进行一定的吸收，然后再分配到整个脚上，这样既可以减轻震荡，还能对前进动作有促进作用。HEAD减震技术、HEAD鞋大底技术、HEAD吸湿排汗系统顶级的湿气管理技术等科学技术的应用对网球技术水平的提高具有积极的推动作用。

因此，既需要对高科技手段进行积极的应用，还要使用先进的理论对训练进行积极的指导，这样才能推动中国的竞技网球运动的发展。我们要把全国的科学研究人员的积极性都调动起来，国家体育总局要加大对科学研究的投入，发挥科学技术是第一生产力的作用，促进中国的网球运动的发展。

（三）人员类因素

1. 后备力量因素

资源指的就是可以投入到生产中去创造财富的生产条件。通常，资源可以划分为三类：自然资源、资金资源和人力资源，此处主要指人力资源。人力资源中包含人才，所谓的人才实际上指的是科学技术管理能力、研究开发能力和专门技术能力都比较强的人。竞技体育的人才资源可以划分为三类——运动员、教练员和管理人员。竞技体育的人才资源中最为重要的是运动员。竞技体育的竞争除了对科学技术、政治体制、经济体制和实力进行竞争以外，还要进行竞技人才的竞争，并且竞技人才的竞争是更为关键的，究其根本，竞技人才的竞争是竞技后备人才的竞争。我们对国际上竞技体育的发展历史进行研究就会发现，现役国家队伍中的运动员的竞技水平和能力对国家的竞技体育的实力具有决定性的作用，后备队伍中的人才的数量和质量对国家的竞技体育的实力更具有决定性的作用。各个国家都非常重视对体育后备人才的培养。因此，中国的竞技网球运动能够持续不断地发展，其主要的寄托就在于有优秀的后备人才，假如没有优秀的后备人才，网球运动就没了生存的基础，也就更不能谈其发展了。

要想对后备人才进行培养，先要做的事情就是选择人才。因为网球运动这一个项目的技术是比较精细的，并且对抗性非常强。世界上的很多国家都已经认识到了这样一个情况，那就是要想促进网球水平的提高，必须对运动员进行科学的选择。就国家而言，国家需要投入大量的时间、财力和物力对网球运动员进行培养；就运动员而言，其经过了较长时间的训练，如果在比赛的时候并没有取得预期的目标的话，这样不只是浪费了自己的时间和精力，退役以后也会出现一些问题。就教练员而言，在对网球运动员进行培养的过程中，教练员投入了大量的时间、精力，假如运动员不能取得较好的成绩，教练员多年的付出也没有得到回报。所以，对人才的选拔就变得非常重要。

网球运动有其自身的特点和要求，要根据其特点和要求，结合国家对网球运动的相关指示，采用较为科学的方法对其进行测试，选出比较有潜力的好运动员，再进行较为科学的训练，这样才比较具有科学性。经过选拔的网球运动员的潜力都比较大，这样对其进行培养的目标就会比较明确，针对性也就比较强，容易成材，培养的周期也就比较短，既节省了时间，也节约了人力和物力。

中国现在推行的训练体制就是三级训练体制。我们对其层次结构进行划分，主要分为高级、中级和初级；从其性质上进行划分，主要分为专业或者职业的优秀运动队、业余的训练体系。其中，专业或者职业的优秀运动队还可以划分为两个层次——国家集训队、省级运动队；省级运动队既包括解放军，还包括各行各业。业余训练体系既包括三级训练网中的中级训练形式，也包括三级训练网中的初级训练形式。现在，中国的各个省份、直辖市注册的网球运动员，一般主要是业余体校的运动员、体育运动学校的运动员、运动技术学院的运动员。在三级训练体系中，他们是初级和中级的，在性质上，他们是业余训练体系的。因此，这些人员只能参加省里的业余性质的网球比赛，他们是中国的竞技网球运动的准后备人才。针对那些年龄比较大的运动员，他们只有在国家体育总局网注册以后才能参加国内比较专业的赛事。那些在国家体育总局网球协会注册过并且经过各省市层层选拔筛选出来的优秀的运动员才可以说是中国竞技网球的后备人才。

中国的运动员在还没有进入省市专业队之前，通常都是在业余体校进行训练的，在其他学校和俱乐部训练的比较少。因此，中国对运动员的培养途径是多元化的。中国不论是男运动员还是女运动员，他们进行训练和参加比赛的经费的来源大多是一样的，包括国家资助、运动员自己筹措、企业资助的和其他资助。总之，凭借社会力量培养出比较优秀的网球选手是比较少的，还是需要依靠地方的专业队伍。

2. 教练员水平因素

现代意义上的竞技体育的竞争实质上就是教练员水平的竞争。教练员队伍的水平的高低对运动具有直接的作用。教练员在运动训练中占据主导性作用，是运动训练过程中的设计人员和组织人员，对运动员进行教育和指导。只有对教练员和运动员进行科学的训练，双方共同努力，才能取得较好的成绩。然而，对于运动员和教练员这两个方面而言，教练员更加重要。因此，最关键的就是对教练员进行积极的培养，提高教练员的水平。中国必须有更高水平的教练，了解更多的网球理念，才能和世界相对接，才能培养出更优秀的选手。因此，中国网球运动最为重要的问题就是不断提高教练员的水平，这才是中国网球未来发展的希望。

3. 领导者的素质因素

网球这一项目的开放性和自由度都比较高，很多运动员在输了比赛以后很容易向媒体发泄自己的情绪，产生不良的影响；当然，当其运动水平较高的时候，也会有自己的要求。这些都对领导者有一定的考验，领导者需要以宽广的胸怀和包容的心态对运动员进行正确的引导。如果出现了矛盾，就要进行化解。网球运动虽然很职业化，但是其需要采用较为人性化的管理，这样的管理是非常深奥的。对运动员进行教育，最终的目的还是为了促进运动成绩的提高。由此可见，领导者的素质影响网球运动的发展。

4. 运动员的素质因素

运动员的素质指的是除了运动员竞技能力素质以外的其他方面的素质，既包括运动员的文化素质，也包括运动员的思想道德品质。优秀的运动员必须接受良好的教育，因为网球运动的个性化非常强，运动员除了要考虑为自己争得分数以外，还要考虑国家的利益，这也是在考验运动员的思想道德素质。

现在网球界比较好的一种模式就是"体教"结合。但是，我们必须摒弃传统意义上重视体育训练轻视文化教育的观念，把对文化素质教育的重视和对体育训练的重视进行有效的结合。对运动员既需要对其夺取金牌的能力进行训练，还要把其放在社会中进行培育。

当然，职业运动员也是需要学习公共关系课程的，这样，才能对自己、教练、运动训练、比赛和媒体之间的关系更为了解。不论是国家还是社会的有关机构，都要有培养职业运动员公共关系的意识。实际上，明星和媒体之间的关系就像是一把双刃剑，如果彼此能相互尊重，就能获得较好的局面。

当前，我国重视运动员的教育问题，国家运动员的素质教育的内容可以称为"4+X"的模式。所谓的"4"指的是总局办公会所确定的四个内容——训练的基础知识，体能训练、损伤预防和伤病康复；励志、文明礼仪，就业指导，所谓的"X"指的是在对运动员和专家的意见进行了较为广泛的征求的基础上对文化教育有所要求。训练基础知识主要围绕对教练的意图有较为准确的理解，从而进一步提高训练的质量。体能训练、损伤预防和伤病康复主要是针对体能训练水平的提升和促进体能训练质量、伤病的预防的提高开展的。励志教育主要是针对艰苦奋斗、刻苦训练、为国家争光和心怀感恩之心进行的；礼仪教育主要是为了促进运动员的文明水平和公众形象的提高。就业指导指的是对运动员退役后的比较成功的转型的案例进行分析，以此对运动员的职业发展进行指导，对选择就业的条件进行分析，对个人的品牌进行塑造等。文化教育要紧紧围绕着运动员的文化学习和自身的兴趣爱好进行，可以创设各种各样的学习班，从而使运动员的学习需求得到极大的满足，使运动员的业余生活越来越丰富。

四、现代网球运动可持续发展的对策

（一）注重后备人才培养

我们要想促进中国网球竞技水平的提高，就需要培养后备人才。要想促进中国的竞技网球运动的持续不断的发展，就需要调整培养的目标，还要对观念进行及时的更新，对职业运动员的新观念进行培养；与此同时，还要对运动员的培养方式进行转变，需要依靠社会组织进行社会培养，培养方式变还需要多元化，并且和国际相对接。除此之外，还要对后备人才基地建设进行加强，加大力度进行管理和投入，对人才基地的考核标准进行健全和完善；还要完善对不同年龄段的运动员的梯队建设，提高后备人才的数量和质量。

（二）加强科学训练，提高训练效率

第一，对中国的网球运动员的体能训练进行加强，特别是对其力量和耐力进行强化；第二，中国的网球运动选手的底线技术比较好，在这个基

础上，我们还要训练他们的发球和接发球技术，这样可以促进其发球的攻击力和接发球的稳定性。与此同时，还要对网前技术进行训练，这样可以促进其网前球的成功概率，最终促进其技术的全面发展；第三，在进行比赛的时候，要采用多样的战术，这是要加强训练的。在进行训练的时候，要遵循一定的原则，从实际出发，进行科学的训练，不断促进训练效率的提高。只有这样，才能和世界上水平比较高的选手进行抗衡，才能在比赛中不断取得胜利。

（三）强化教练员的队伍建设

第一，因为大部分的教练员都是从运动员中产生的，都是经验型的人才，所以，要对运动员的思想意识进行引导，使其明白科学技术的重要性，从而自觉地学习科学理论知识；与此同时，还要积极组织教练员进行各种各样的训练，借助于多种方式督促教练员学习，使得其创新能力不断提升。

第二，因为中国的网球教练的数量并不是很充足，所以，要对自身的人才优势进行充分的挖掘，还要积极鼓励优秀的运动员兼职做教练员，积极培养更多的教练员，还要在教练队伍中引入竞争机制，对教练员进行资格认证。

第三，促进教练员的思想素质的提高。积极引导教练员对中华的体育精神进行弘扬，还要培养较强的事业心和责任感，从而逐渐培养出一批具有较高的素质和业务能力的教练员队伍。

（四）提升网球运动的普及程度

首先，对网球场馆的建设进行积极的投入，在一些人口比较密集的地方设定网球场馆；其次，媒体要加强对各种比赛事宜的报道，使人们把更高的关注度放在网球运动上；最后，尽可能多地举办一些业余的网球比赛，积极引导喜欢网球的人员参加相关的比赛，从而使得网球的影响力逐渐扩大，推动网球运动的普遍化。人民大众对网球的接受度越大，参加网球运动的人数越多，中国的后备人才有可能会更多，既促进了全民健身运动的发展，也促进了中国体育的发展。

（五）促进网球市场的产业发展

网球产业指的是在参与网球运动的时候所牵涉的相关经济活动的总和。网球运动的发展必须具备物质条件——对网球用品进行生产和销售、对网球场馆进行建设和经营，两者是网球市场的非常重要的组成部分；找比较专业的公司来策划和运作网球比赛的相关事宜，这样可以获取更多的企业赞助；还可以借助于电视转播权和广告植入等获取较高的利润。通过以上这些途径获得的资金既可以对网球馆进行建设及其普及，还可以对优秀的选手进行资助，使得竞技网球的投入的比例和方式在一定程度上有所改变，促进竞技网球的发展。因此，网球运动的发展和网球产业的发展是相辅相成的：比较优秀的成绩会促进产业化发展，产业化也会为网球运动的发展提供相应的资金。

第二章 网球技战术与训练方法教学创新

第一节 网球的技术与战术教学分析

一、网球的技术教学

(一) 网球技术教学的规律

第一,要在学生心理与身体发展的基础上设计网球技术教学。学生是网球训练与教学的主要对象,学生的动作技术水平和身心健康发展都会受训练与教学效果的影响。教师在进行网球教学的过程中需要以学生的个人特质与情况为依据,同时参考他们的可教性与可塑性来采用合适的教学措施、方法与手段,因材施教。教师应当对学生的心理与身体素质进行有计划的提升,使他们获得更高的运动技术水平。

第二,应当以运动技能习得的规律来进行网球技术教学。人们学习特定的运动技能有相应的规律。"泛化、分化、巩固、提高与技术定型"是学生学习网球动作技术都要经历的阶段,这些阶段的分界线并不明确,但要在训练和教学时予以重视并以此来对教学任务进行合理安排,如果在对学生进行网球动作技能的训练过程中应用不同的教学方法与手段,那么会获得更好的效果。

第三,网球技术教学要与学生的心理生理活动发展规律相符合。学生在教学与训练的过程中都需要反复进行休息与练习,而学生也会有明显的生理机能变化。例如，学生在进行网球运动时，开始会获得更高的生理机能，逐渐到达一定水准，获得一定时间的维持，然后逐渐下降。好的休息方式能够促使生理机能快速恢复。另外，学生也会有曲线性的思维和情绪等心理活动。学生在正常练习时，有较高的学习情绪和敏捷的思维，如果训练的情况比较理想，就会有更高的学习情绪。

（二）网球技术教学的原则

1. 自觉积极性的原则

自觉积极性原则指的是在教师的指导下，要对学生学习的主动性和创造性进行积极调动，把学生看作学习的主体，让学生能够进行自主性学习。在教学过程中使用自觉积极性原则的时候，以下要点是必须要注意的：

（1）明确学习的目的。在刚开始进行网球运动教学的时候，教师就要告诉学生学习的目的，这样学生可以知道网球运动在健身等方面所具有的积极意义，使学生对网球运动的积极性得以提高。在刚刚开始进行教学的时候，应该把教学的目的、任务、要求等都告诉学生。每次开始课程的时候，学生也都要知道课程的任务、内容等。在对每一个动作进行学习的时候，教师都要把动作的作用说清楚，使学生一直能够有目的地开展学习。

（2）对学生的网球运动兴趣进行培养。兴趣在一定程度上能够促进学生的学习。因此，兴趣的培养在网球运动教学中十分重要。若学生对网球运动有兴趣，则会排除万难去研究与学习并努力进行练习来获得提高。教学要求要以学生的实际情况为基础，让学生能够通过努力达到自己的目标，进而在进步的过程中获得良好的情绪。应当多鼓励基础较差的学生，适当地调整对他们的教学方式，使他们能够更快地掌握动作。如果学生的基础较好，那么教师的要求也应该有所提高，只有这样，学生才能够获得突破。教师应当设置多样化的课程，在训练中应当设置身体的各部位联合运动，同时训练也可以加入比赛和游戏等形式。

（3）对学生心理活动的规律进行了解和把握。在网球运动教学中，教师要学会对学生的心理活动规律进行较好的把握，对于教学过程中出现的不好的心理状态和问题要有针对性地进行解决。教师要根据学生产生心理问题的原因进行有针对性的分析，使用正确的方法来解决。

2. 循序渐进的原则

循序渐进原则指的是在开展教学的时候，要根据学生自身的认知规律、动作技能形成的规律、人体各项生理机能的变化规律，积极对教学的内容和运动量进行安排，还要使用较为科学的方法，一步步进行深化，使学生对知识、技能等有较好的把握，逐步增进健康。在网球运动的教学过程中使用循序渐进的原则需要注意以下方面：

（1）制定好教学文件。在对网球运动进行教学的时候，必须制定符合实际情况可以进行操作的比较完整的教学文件，这样才能促进网球运动教学工作的有序开展。一般而言，教学文件主要包括的内容有课程教学大纲、学期教学进度、教案等。教师应该对教材进行认真的研究，对教材有较为系统的了解，还要把各教材之间的关系梳理清楚，这样就可以在对教学文件进行编制的时候体现循序渐进的原则，每一学期每一堂课的教材都能进行有效的衔接，最终使教学要求得到提高。

（2）安排好教学内容和组织教法。对于教学内容和组织教法的安排要遵循的原则为从简单到复杂、从容易到困难、从浅显到深入，逐步前进，这样可以让学生更容易接受。例如，初学人员必须先对球性有所了解；再开始练习怎样打球；在对某一个动作进行教授的时候，首先空手进行练习；其次使用空拍进行练习；最后在有球的情况下进行练习。在对正手技术和反手技术进行训练的时候，先让学生站在原地进行击球练习，待其训练得比较熟练了以后，再在跑的过程中击球。

（3）逐步提高运动负荷。一堂课程的运动量应该是从小到大，然后逐步增加的，在达到了一定的水平以后，然后逐步下降。不论是对一个季节的运动负荷的安排还是对一个学期的运动负荷的安排，都需要遵循循序渐进的原则。这样既可以使学生的体质得到增强，还可以使学生的运动能力得到提高，还能提高运动技能。

3. 巩固提高的原则

巩固提高原则指的是在进行教学的时候，使学生对所学的知识、技术和技能等都有较强的把握，逐渐进行提高和完善，并提高学生自己的身体素质，增强自身的体质。在对网球运动进行教学的过程中，我们使用巩固提高原则需要注意这几方面：

（1）对网球课进行集中性的安排。网球课的安排最好比较集中，每个星期可以安排两到三次的课程，这样可以巩固运动技能，尽量减小课程之间间隔时间太久而出现的技能上的退化。

（2）反复练习，逐步提高。在教学中，要积极组织学生进行反复的、经常性的练习。在对动作有了初步的了解以后，就需要开展大量的练习，使动作发生质的变化，逐步形成比较正确的动力定型。反复练习并不是简单地重复，而是要有更高的要求，并且可以对技术经常性地进行评定，使学生能够从中看到自己的进步，把自身学习的积极性激发出来，提高自身的运动技能。

（3）对练习条件进行改变，促进练习难度的提高。在进行网球运动教学的时候，对练习的条件进行改变，这样能够促进知识和技术的巩固提高。对练习条件进行改变，既能对学生掌握技能的熟练程度进行检查，进一步发展学生的运动技能，还可以对教学手段进行丰富，让学生对学习始终存有新鲜感和兴趣。例如，当学生学习了反手击球和反手削球以后，其还可以对"正手击球—反手击球—正手击球—反手削球"的跑动中练习进行训练，或者是在两方打了多个回合之后，其中一方在打出落地深的回球后，随球上网截击。

（三）网球技术教学的分组

1. 进行混合分组

混合分组指的是针对网球技术水平不一样的学生，将他们有针对性地编排在一个教学组中，也就是把技术基础比较好的学生和技术基础比较差的学生都放在一起进行编排。这样的分组方式有其适用的条件，在人数比较多的班级和刚开始进行学习的阶段有着较好的效果。强弱进行有效的搭配，这样可以使技术基础比较好的学生发挥骨干性的作用，帮助教师对刚开始学习的人员进行辅导。学生和学生之间相互教学，可以使教师考虑到全班的整体情况，一起进行教学。

进行混合分组的教学方式不利于那些技术水平比较高的学生的学习，在一定程度上会对他们学习的积极性产生负面影响。所以，在开展教学的时候，教师要单独留出来一部分时间对这部分学生进行专门化的指导和教育，这样才能使他们在原来的基础上有所提升，更好地把教学的骨干作用发挥出来。

2. 进行技术水平分组

技术水平分组就是根据全班同学的技术水平的高低进行分组，把不同技术水平的人分在不同的组里，每一组里的学生的技术水平都是差不多的。这样的分组方式有利于教师根据每一组的不同的情况进行教学，采用不同的教学手段，对不同的练习进行不同安排，还要进行不同负荷量的运动。这样的教学方法展现的是因材施教的原则，针对不同的学生有不同的对待方式，可以对不同技术水平的学生的不同要求都能满足。针对水平比较高的学生的组，教学的进度可以快些，练习的分量也可以大一些，适当地提高难度，这样才能使学生的学习兴趣不断提升。针对学习水平比较低的学生的小组，教学的进度可以稍慢，适当降低难度，促进学生逐渐达到教学的要求。除此之外，教师还可以针对各个学生的每个阶段的掌握情况随时调整分组，这样可以激发学生的学习积极性。

混合分组和技术水平分组都是既有自身的优点，也有自身的不足的，我们可以根据学生不一样的阶段的具体情况进行较为灵活的调整。例如，在刚刚开始学习网球的时候，可以采用混合分组的方式，在巩固阶段，可以采用按技术水平分组的方式。

（四）网球技术教学的顺序

第一，先对球性进行了解。假如我们要想对一个来球进行回击，先要做的就是根据球飞来的方向判断球将要飞向哪里，落下来的点在哪里，弹跳的高度是怎样的。对于刚刚开始学打网球的人而言，这是非常重要的。开始学打网球的人是不能绕过这一个阶段的。

第二，对步法进行练习。在打网球的时候，如果步法不到位，身体和球离得太远，就会出现伸着胳膊接球的情况，如果身体和球离得比较近，就不能挥动拍子击球。所以，教师一定要严格要求学生做步法练习，只有这样，才能为以后比较稳定的击球建立比较扎实的基础。

第三，对正手击球的学习。通常，网球选手的正手都是比反手强一些，正手攻击使用的力度更大，牵涉的范围也更广泛，准确率也更高，比较容易得分。刚开始学习的人员从正手练习开始，比较容易取得进步，更容易调动其学习的积极性。

第四，把正手击球学完以后，就要学习反手击球了。反手击球可以直接获取得分，这是可以好好利用的。现代网球运动对发球的攻击性越来越重视。在一场比赛中，如果选手的发球不是很强劲的话，就很难赢得比赛的胜利。如果发球的一方发球能够直接得分，这样既可以使自己的发球局得以保证，还能使自己打击对手，信心增强。

（五）网球技术教学的进度安排

所谓的教学进度指的是教学大纲的详细内容，也就是把大纲规定的相关内容非常合理地安排到每次的教学中。教学进度的安排必须合理，不然会影响教学效果。

1. 网球技术的单一教学

单一教学指的是在一定的教学时间内，只教授一种网球运动技术，当学生掌握了这样一种技术以后，再教授另一种技术。实际上，单一教学的特点就是重点突出教学的内容，集中主要的力量对关键性的环节进行解决，让学生尽快地对一种动作有所掌握。然而，采用单一的教学的时候，教学内容就会比较单调，学生可能会觉得学习内容过于枯燥。再加上教材的内容太集中，身体的负重就会大，很容易导致疲劳。所以，在开展教学的时候，教师要适当地增加一些游戏，或者是把练习的方法换一下，让课堂变得更加有趣和生动。课时比较少的学校可以使用单一教学的方法。

2. 网球技术的综合教学

综合教学指的是在一段教学时间内，可以连续不断地对多种技术进行教学。也就是，当学生对一种技术有了初步的了解之后，就可以立刻学习另外一种技术了；当对网球技术进行了一轮教学以后，即可以进行下一轮的教学。就这样不断循环下去，直到把各种各样的技术都掌握。

我们还可以把综合教学称为"平行连贯教学"，平行连贯教学就是一种进行较为全面的接触、并且不断循环的方法。这样的教学方法中，学生在刚刚开始学习的时候就可以对各种各样的技术有较为全面的把握；教学内容更新得很快，练习的方式也是丰富多彩的，学生的学习积极性比较高涨；在比较短的时间内，学生就可以对各种各样的技术有较为全面的把握。在进行综合教学的时候，课程的密度和强度都是比较大的，课堂的组织也非常严密，也对教师的教学能力有更高的要求。在对每次的课程进行安排的时候，教师要对教材内容的前后衔接和不一样的教材内容的分量有较好的把握。教材内容不能过多，通常而言2项~3项是比较合适的。因为每一轮的教学都是比较浅显的，因此，在相对比较完整的时间内，要对每一轮的教学进行循环。课时比较多的学校是非常适合开展综合教学的。

（六）网球技术教学的训练

1. 网球技术教学的发球训练

（1）提高接发球准确性的练习。多人轮流发球，要求接发球者把球回击到指定的区域内。

（2）提高接发球实战能力的练习。有目的地安排单打或双打战术练习，互相对抗，可以提高在实战中接发球的心理素质。

（3）多球式的接发球练习。为了尽快地掌握发球技术，教师用多球发球，给练习者进行专门的接发球练习。为了增加送球的准确性和力量，教师可站在发球区域附近位置发球。应注意发球的落点、速度、旋转，这样就可随接发球者水平的提高而增加。

（4）与发球员配合的接发球练习。由1名~2名练习者发球，结合实战练习接发球：接发球破网，即是接发球时，直接突破对手的网前拦截；接发球抢攻，即是接发球时，迅速有力地回球攻击对方；接发球随球上网，即是接发球后快速跟进到网前，准备网前进攻。

（5）接发球挑高球或放短球练习。在掌握或控制好了接发球回击直线和斜线球后，可以有目的地练习接发球挑高球和接发球放短球的练习。

2. 网球技术教学的正手击球训练

（1）挥拍练习。①握拍法：按东方式握拍法的要点反复练习，并通过放下球拍再拿起握好，进行反复练习。另外，可以通过旋转球拍再握好等方法进行反复练习，加深巩固正确的握拍方法。②底线正拍抽击球动作挥拍模仿练习。③方法：按底线正抽球、关闭式击球步法基本技术要领，进行引拍、挥拍击球及球拍触球、随挥动作的模仿练习。练习时要按动作顺序分解学习，然后按顺序串联，最后做出完整的动作。④练习次数：每课练习不低于50次。

（2）侧对挡网自抛自打练习。练习者侧对挡网或挡墙两脚前后站立，左脚位于右脚左侧前45°，两脚同肩宽，左臂伸直，左手执球位于左脚尖右侧前，右手握拍做好引拍动作，左手放球使球自然下落，待球下落反弹至最高点并再次下落时挥拍击球，击球后做出随挥动作。每课练习不低于50次。

（3）正对挡网自抛自打练习。练习者正对挡网或挡墙两脚左右站立，将球在身体前方抛起，迅速进行向后引拍，左脚上步，左脚位于右脚左侧前45°，两脚同肩宽，左臂伸直指向击球点，待球下落反弹至最高点并再次下落至腰高度时挥拍击球，击球后做出随挥动作。每课练习不低于50次。

（4）正对挡网自抛自打连续球练习。练习者正对挡网或挡墙两脚左右站立，将球在身体前方抛起，迅速进行向后引拍，左脚上步，左脚位于右脚左侧前45°，两脚同肩宽，左臂伸直指向击球点，待球下落反弹至最高点并再次下落至腰高度时挥拍击球，击球后做出随挥动作，并迅速恢复准备姿势。当球从档网或挡墙反弹后,按照刚才的击球动作进行连续击球。

3. 网球技术教学的反手击球训练

(1)挥拍练习。按底线正抽球、关闭式击球步法基本技术要领,进行引拍、挥拍击球及球拍触球、随挥动作的模仿练习。练习时要按动作顺序分解学习,然后按顺序串联,最后做出完整的动作。每课练习不低于50次。

(2)侧对档网自抛自打练习。练习者侧对挡网或挡墙两脚前后站立,右脚位于左脚右侧前45°,两脚同肩宽,左臂伸直左手执球位于右脚尖左侧前,右手握拍做好引拍动作,左手放球使球自然下落,待球下落反弹至最高点并再次下落时挥拍击球,击球后做出随挥动作。每课练习不低于50次。

(3)正对档网自抛自打练习。练习者正对挡网或挡墙两脚左右站立,将球在身体前方抛起,迅速进行向后引拍,右脚上步,右脚位于左脚右侧前45°,两脚同肩宽,左臂伸直指向击球点,待球下落反弹至最高点并再次下落至腰高度时挥拍击球,击球后做出随挥动作。每课练习不低于50次。

(4)正对档网自抛自打连续球练习。练习者正对挡网或挡墙两脚左右站立,将球在身体前方抛起,迅速进行向后引拍,右脚上步,右脚位于左脚右侧前45°,两脚同肩宽,待球下落反弹至最高点并再次下落至腰高度时挥拍击球,击球后做出随挥动作,并迅速恢复准备姿势。当球从档网或挡墙反弹后,按照刚才的击球动作进行连续击球。每课练习不低于50次。

4. 网球技术教学的截击球训练

(1)抓球练习。微蹲,做好准备,教练或同伴向学生正手或反手的侧前方抛球,学生向侧前45°跨一步用手接球。

(2)挥拍练习。先做徒手挥拍模仿练习,然后再做持拍模仿挥拍练习,并逐渐结合步法做挥拍练习。

(3)靠墙挥拍练习。靠墙挥拍练习的目的是保证较短的引拍动作,没有墙靠近挡网也可以。

(4)正常握拍截击练习。教练手抛球,学生拦网的位置从接近网逐渐过渡到离开网,教练供球也从手抛球过渡到用拍子供球,力量逐渐加大。

（5）短握拍截击练习。学生手握拍柄的前部，在近网的位置拦教练手抛球。

（6）网前对拦练习。隔网两个学生分别站在发球线和球网之间连续拦击球。强调来回板数，注意击球后要迅速还原。

（7）通过技术组合练习截击球。发球上网或随球上网练习中场和近网截击，提高实战中的截击能力。

（8）网前和底线对抗练习。网前站两个学生，底线站两个学生，不允许挑高球，打计分练习。这个练习也可以两人进行，范围限定在单打场区的一半。

5. 网球技术教学的挑高球训练

（1）球感练习：①可以让同伴抛过来的球在身边弹起，在身体附近练习挑高球；②可以像练习发球一样，独自练习挑高球。

（2）专门挑高球练习：①找一堵较高的墙，设定一个目标，离墙15m左右，对墙挑高球；②端线后自抛球，用正手、反手向对方底线做挑高球练习。要求使球的落点靠近底线附近；③利用多球进行专门的挑高球练习，先定点练习，然后再在跑动中不定点练习，难度逐渐加大；④网前一人进行高压，一人在底线练习挑高球，尽量做到连续多回合不失误；⑤网前一人截击或高压，为结合实战可在破网时突然挑高球。

（3）高压球技术的练习：①持拍模仿练习。持拍侧对出球方向，做挥拍击球动作练习。②对墙高压球练习。离墙10m左右站立，将球高压至离墙大约1m处，使球落地再从墙上弹回到一定高度，以便熟练后可以连续击球。③网前高压球练习。在离网较近的位置侧身站立，教练用手抛球给学生练习。注意动作连贯、力量适中。逐渐熟练后，学生可以离网稍远，准备姿势站立，击打由教练用拍子送过来的球。④高压和截击组合练习。先打较容易的高压球，然后发力扣球，挑过来的高压球越来越深。始终要有教练员在旁帮助练习。然后改变练习方法，教练员抽一个球过来练习截击，接着挑一个高球过来练习高压球。截击和高压球的组合练习可以帮助双方面提高技能。

6. 网球技术教学的反弹球训练

（1）自抛自打练习。原地距挡网3m～5m，向上抛球，然后降低身体重心，待球刚弹起时，做反弹球击球练习。练习时眼睛盯住球，手腕要放松。

（2）对墙反弹球练习。在距墙8m的地方，对墙打一次稍高的球，等球弹回后，进行反弹球击球练习。等球弹回后再挑向高处，第二次落地时再进行反弹球练习。依次反复练习。

（3）场地反弹球练习。同伴站在场地中间向对面中场的练习者脚下送球，练习者进行反弹球击球练习，送球者可向练习者正手、反手进行送多球练习。打反弹球时应注意降低重心，拍面对着击球方向，向前上方送出。

7. 网球技术教学的放短球训练

（1）对墙放短球练习。练习者距墙5m～6m左右，用球拍送球上墙后，等球落地1次或2次后再轻削送球上墙，可运用正手或反手练习。练习时用切削推送并减速的方法完成放短球动作，保持连续进行。

（2）正反拍切球练习。练习者站在原地，将球抛起，用正拍、反拍切球方式，让拍面沿半圆的轨迹凌空切球，注意不要让球落地。如果一开始不好控制球的话，也可以先让球落地，反弹后再切球，待有一定感觉以后再尝试凌空切球。

（3）反弹放短球练习。练习者站在底线，自我抛球，待球落地反弹后，用正手或反手下旋方式切球，送至对方网前。练习时眼睛看球，击球的手腕由握紧到适度放松，轻巧地触球让球产生明显下旋特征，使球刚好过网，并且反弹得很低。

（4）凌空放短球练习。练习者站在底线将球抛起，高于头顶约0.5m，用正手或反手切削球方式，凌空送球。练习时不要让球落地，直接送球，如果一开始控制不好球的话，也可以先让球落地，待它反弹后再切球，随后重新抛球，尝试凌空直接切削到球。

（5）下旋切球练习。练习者自己抛球，待落地反弹后，用下旋方式将球切削过网。一开始可以不强调落点，但是球落地后要能产生向后反弹的效果。有一定感觉后再注意对落点的控制，力求球落在距离球网2m~3m处。

（6）场地实战练习。同伴站在底线向对面场地任一区域送球，练习者判断球的移动后，用削球动作放短球。练习时要让球过网后落在距离球网2m~3m内，落地后能产生向后反弹的效果；较熟练后，注意放短球动作要有一定的隐蔽性。

二、网球的战术教学

网球战术是指对网球技术的综合运用，是网球技术在实际比赛中的完美体现，也是一个练习者的聪明智慧和综合素质的精彩展示。技术是战术的基础，只有掌握全面的技术，才能设计合理的战术，才能在比赛中运用多变的战术。技术的发展促进了战术的形成，战术又反过来促进了技术的创新，这种发展、形成、促进、创新的过程是网球运动的"生命链"。因此，平时练习中在不断提高技术的同时，要注重战术意识的培养，要带着很强的战术意识去练技术，提高实战能力。

（一）网球战术教学的原则

1. 综合性的原则

综合性是指战术训练内容与技术、体能、意识等训练的高度综合。在战术练习中融入体能方面的要求，体能训练采用战术的形式；在战术训练中促使技术提高，技术的运用符合战术的要求。

网球战术训练综合性原则是根据专项训练需要提出的。现代网球比赛的战术大部分是在复杂情景下使用，有的战术要在体能状况不在最佳时、技术动作受限制时运用，在战术训练中加入体能的要求可以达到以上的目的，使得练就的战术在比赛中真正管用。

战术训练的综合性原则决定于两个方面：首先，网球项目战术与技术、体能等因素有紧密联系。战术在比赛中的持续稳定的发挥、灵活多样的变化，需要体能、技术的保障，以及思维活动的明锐性，而孤立地练就的战术能力在比赛中很难有正常发挥的机会。因此，战术训练要与技术、体能、思维等综合起来练习。其次，网球训练的时间特点。网球比赛要求运动员以爆发性力量、无氧无乳酸供能方式完成各种击球动作。为适应比赛的需要，包括网球战术训练在内的网球训练课时间较短。以国家女队集训为例，其训练课时间为2h左右，赛间训练受到比赛承办方条件的限制（一般赛会规定30min左右为一个单元），每堂课时间一般不超过1h。因此，在时间有限的情况下，把各种各样的战术训练好，还要做到体能、思维等的有效结合是非常紧迫而必要的，对于训练效率的提高有积极的影响。

在对战术训练的综合性原则进行贯彻的时候需要注意，先得具有一定的体能和技术。要想完成战术，就必须具有一定的技术和体能。战术的一种表现形式就是技术本身，借助于技术才能实现战术。因此，只有具备了特定的技术和体能才能进行战术训练。在对战术进行训练的时候，通常都会抽出一定的时间来对战术牵涉的技术进行一定的练习。

2. 实战性的原则

比赛情况是网球战术训练设计的基础，这就是实战性原则。让比赛能够游刃有余是战术训练的主要目的，所以这种训练的设置最好贴近真实的比赛情景。

网球项目竞技需要特异性，这要求网球的教学遵循实战性原则。在隔网对抗项目中，战术能力的作用是决定性的。网球比赛需要一定的战术，这种战术既包括练习过程中的战术套路，还包括比赛时的战术。虽然训练与比赛时有大致相同的战术形式，但是在这两种情景下，运动员有不同的心理活动、环境条件、体能条件等，即使在训练的过程中很好地应用了战术，但在比赛中能否发挥出训练状态下的效果则需要通过实战训练来确定。所以，实战情景是战术训练的重中之重，战术训练是以比赛的需求为基准进行的，其目标应当与比赛的要求相一致。在国家队双打教练的战术训练中，会通过积分的形式来让整体的训练更有赛场的气氛，通常会要求运动员以战术的需求进行前4拍，而后的战术练习每局分别为10分或12分，在这样的比分形式下，运动员们会感受到紧张饱满的气氛，这样的战术训练实战性更强。

3. 对抗性的原则

运动员与特定的对手共同进行战术训练就是战术训练的对抗性原则。网球是一项两方的对抗性运动，要想检验训练的效果，就必须使拥有一定竞技水平的两方对手进行对垒，双方的水平应当大体相当，能够在场上互相制约，分数相持不下。在网球的训练和比赛中的对抗就是避免对手得分。

战术训练因其战术本质的特点而必须具有对抗性。从根本上来说，战斗的主观意识是战术的产生源泉，但是对抗的过程一定会存在战斗，战术是依赖于战斗而存在的。在对战术进行研究的过程中，如果不考虑战斗实践则会导致形而上学，使这项研究变成纯粹的思维活动，不具备相应的实践意义。同样，网球战术也是从以往的比赛战例中总结出来的，运动员会通过这些战术来战胜对手。网球战术训练中的战术提取于过往的比赛战例，将其中的精髓提取出来在比赛的过程中加以应用，在这个过程中，人们很容易过于学习战术而忽视了其对抗的性质。只有进行战术性训练再加上对抗性，才能使队员真正地积蓄战术能力，使训练的宗旨得以达成。

（二）网球战术教学的内容

1. 战术知识的学习

网球战术的理论知识指的是在真实的网球战术实践过程中，人们对战术的认识和经验的概括性总结。运动员要想发展战术能力，最为基础的就是获得网球战术知识。网球运动员学习网球战术的知识，既能使运动员对战术有所了解、对战术有所丰富和发展，还可以培养战术意识。

网球战术知识，既包括战术理论，也包括战术经验。战术理论包括对网球战术的意义、原则、内容和形式、方法手段等，网球运动的客观规律、产生的历史和发展趋势，不同战术之间的关系和特点等的了解。

战术经验既包括对战术使用比较成功和失败的案例的感受，也包括前人已经总结出来的战术成果等。使用高科技分析优秀运动员的战术，既要分析战术的种类、使用的时机，还要分析使用的效果，对运动员的战术的总体能力有所了解,还要使用相同的方法诊断自己的战术,对自己的战术能力进行较为全面的了解。网球战术知识一般可以通过三种方法进行教学——直接讲解、直观法、计算机模拟法等。

2. 战术意识的培养

人类的活动具有意识性,包括网球运动,在网球运动中也存在意识性的问题。战术意识在网球战术中非常重要。各种各样的运动项目都对战术意识进行了研究,因此,战术意识是非常重要的。

根据心理学关于意识以及从目前各种运动项目战术意识的种种概念,可以认为战术意识是包括了认知、情感和意志的一个复杂的过程。战术意识的强与弱取决于到运动从临场获取信息的多少(感知与注意)、信息加工(思维与判断)、方案的优选(反应)等心理各种因素。正因为多因素的缘故,所以才有了现在把战术意识定义为能力;也可定义为客观反映;还有定义为反应,以及心理活动的等,这些定义都是从某个方面体现战术意识的特征。我们根据心理学以及网球战术的规律认为网球战术意识是网球运动员支配战术行为的若干心理过程。

战术意识与战术行动支配是一一反馈关系。网球战术行动是战术意识的外显物。运动员的技能和体能一起构成网球战术行动。在开展战术活动的时候,战术意识对战术行动具有一定的指导意义。网球运动员自身所具备的战术动作的数量越多、质量越高,竞赛中可以受战术意识支配的空间也就越大,所能够达到的战术水平也就越高。

运动员的心理和智力一起构成战术意识,其对战术动作的调配具有主导性作用。网球运动员所具备的战术意识越强,其对战术动作的支配的自觉性也就越高,也就展现出越高的战术水准。在网球战术活动中,战术意识是核心环节。在比赛活动中,网球竞赛中的对手之间的水平越是比较接近,战术意识的作用也就越明显。我们在对战术意识的支配作用进行肯定的同时,还要对战术行动的反作用给予认可。物质决定意识,是辩证唯物主义的观点,没有凭空产生意识的现象。网球战术意识是人们对客观发生的战术实践活动的反映，也就是说，丰富的网球战术行动在某些层面对战术意识具有影响。这样认识战术意识与战术行动之间的关系对战术意识的培养具有观念上的指导作用。

3. 战术运用能力的提高

战术运用能力是运动员将训练所学的知识、技能用于比赛实践的过程。学习、了解战术是为了能够在比赛中在恰当的时候、正确地使用战术。运动员战术运用能力的提高，有赖于三个因素：阅读比赛、战术谋略、战术时空。

（1）阅读比赛。"阅读"比赛是战术运用的前提。保持头脑冷静，认清比赛的发展方向就要"阅读"战术时空性。"阅读"比赛能力是指运动员在激烈的比赛中，能够保对手的长处和不足之处、哪一分是比赛的关键所在等分析比赛的能力。这种"阅读"能力是指导运动员比赛行为的思想，不具备"阅读"比赛能力的运动员，错误地使用战术的可能性较高，会产生在错误的时间选择错误战术的现象。任何战术的运用都离不开对球场上即时发生情景的掌握，在比赛的时候，"情境"是不断变化的，不仅仅包括对手战术的变化，还包括自身情况的变化。对于这些变化，运动员都应该有良好的把控，只有这样才能指引自己做出最正确的战略决策，从而赢得比赛的胜利。拥有"阅读"能力的选手往往可以获得更好的比赛成绩。

（2）战术谋略。网球运动员在参赛的时候会用到各种谋略，但是在比赛进入一定阶段之后，对决的双方就会大致了解彼此的战术与策略，如果想取得较好的成绩，就需要运用谋略思维，从而赢得比赛。战术运用的谋略主要可以表现为两种：①奇正相兼：指的是运用各种方法让对手摸不准自己的套路，在比赛的时候，可以运用各种战术，但是要掌握好运用这些战术的规律，争取不让对手摸透自己的战术规律。②攻心为上：指的是网球运动员在运用战术的时候，让有些战术起到造势的作用，有些战术起到攻心的作用，这样的战术组合运用就会击溃对手的心理，从而让自己取得更好的成绩。

（3）战术时空。在运用各种战术的时候，应该掌握好战术的时空性，只有在合适的时间运用战术才会取得最好的效果。对于网球比赛而言，时间因素是非常关键的，如果在特定的时机运用战术，那么就会取得更好的效果，如果时机有延误，那么就无法发挥出战术的作用。

如果在底线击球之后没有来得及回到网前，就会导致自己出现不利的情况：一是会加大网球战术的使用难度，因为自己上网是慢一点的，所以在这个过程中，对手就会提前发球，让球到达自己的中场位置，显然这对于我方是不利的；二是会给对方更多的时间来应对我方的上网战术，有可能会导致我方上网战术失败。

我们可以根据比赛进行的时间状况选择合适的节奏，战术节奏可以表现为战术使用的频率。在赛场上，也可以根据具体的情况选择合适的战术节奏，从而达到有效使用战术的目的。在网球比赛中，选择不同的路线也相当于变换了战术，这样显然可以增加对手防守的难度。对于侧身攻击战术，多数人会选择将球打出斜线，但是如果某位运动员的直线技术非常过硬的话，就可以在打斜线球的基础上打出直线球来，这样就可以提高自己侧身攻击战术的成功率，所以，在比赛的时候了解对手战术的时空形势可以助力自己赢得比赛。

（三）网球战术教学的训练

1. 网球战术教学的单打训练

（1）发球战术训练，具体如下：

第一，攻击对手的反手侧。一般而言，多数球员都不太擅长反手击球，所以在采用这种击球技术的时候，容易出现失误；如果将球发到对方正手，会让对手有反击的机会，可是如果将球发到对手的反手方向，对方就不会有那么强的攻击性。

第二，瞄准场区的边角发球。如果我方发出了边角球，对方必须要快速移动，还有可能会跑出场外，此时对手的场区就会出现较大的空当，这显然就为我们的进攻创造出了极为有利的条件。

第三，发深球。如果把对手引导到端线的外面去接发球，对手打回来的球一般而言不具有很强的攻击力。

第四，加大球速的同时尽量避免浅球。如果发球发得比较浅，即使是在球速很快的情况下也难以对对手造成威胁，因为此时的对手会有给我方一个有力的还击球，对于中等水平的运动员来说，只要球到了他的手边，那么球速就不是问题。

第五，对准对手的正面发球。如果我方在发球的时候让球直冲对方身体的正面，对手会考虑该用哪只手去接，在这个瞬间，他会犹豫，这个犹豫就会导致失误情形的出现。

第六，变换发球路线。发球战术是有基本原则的，但是如果一直采取同样的发球方法，就会让对手熟悉我方的球路，所以可以间或地发一个不同的球，如果同时再改变发球的种类，就会让对手有措手不及之感，这种突然改变战术的发球，就可以打破对方发球的节奏，从而让比赛的主动权落在我方手中。

第七，发旋转球。如果在发球的时候发的是深的旋转球，球在空中的时间就会比较长，我们就可以借此多向网前靠近从而争取更多的时间。

第八，一发减小旋转，以速度施压。在发球的时候，球的速度会比球的旋转更有威力，但是如果过度地追求速度可能就会导致发球失误，所以我们在强调速度的同时还应该注意稳定性。

第九，二发要增加旋转，提高准确性。对于飞行轨迹较高的旋转球而言，球员的失误率会较低，所以在发球的时候就可以加大旋转的力度。

（2）网球战术教学的接发球训练，具体如下：

第一，平击球接法：①站位。在比赛的时候，应该及时预判对手的发球，如果预测到对手会采用平击球，应该站在底线大概2m之后，这种站位不管是对方发的球是正手还是反手，我方都会有足够的时间从容应对。②对策。如果对方的球速较快，我方就应该减少引拍动作，及时将拍面对准来球，借助外力将球顶回对方的场地，甚至可以仅仅将拍面对准来球就可以，此时应该争取将球打得越深越好。

第二，切削球接法：①站位。在切削发球落地之后，就会产生一股很强的向前的冲力，并且此时会产生强烈的右侧悬，在接这种球的时候应该尽量靠近边线，如果要抢占先区，就可以稍微往中线的位置靠近一下。②对策。如果对方打来的切削球旋转得很快，我方就应该尽早地过去拦截，尽量在球方向改变之前给对方回击，并且应该尽可能多打对角线球，这样就可以为自己赢得时间。

第三，旋转球接法：①站位。对手如果采用上旋发球的策略，球落地之后就会向上旋转，甚至会弹到我们肩部的位置，这就会给接发球带来一定的困难。我们在接这种球的时候，就可以稍微往中间的位置靠拢一下，如果我们拥有比较好的接发球技术，就可以站在场内上升点的位置给予对手回击。②对策。对手如果发的是上旋球，这种球弹起来就会跳得很高很远，就会给我们的回击带来很大的困难，显然在回击的时候应该尽可能往前跑动，尽早将球击回。如果稍微有延误，我们就可以选择在球下落的时候击打，并且我们还可以用切削的方法来应对上旋球。

（3）网球战术教学的底线型打法训练，具体如下：

第一，对攻战术。底线型打法的对攻技术具有强大的进攻能力，我们可以配合速度以及落点的变化与对方展开对战，从而取得主动，达到控制对手、赢得比赛的目的：①采用正拍、反拍击球，并提高自己的速度；②采用连续的抽击球压制对方；③采用各种策略，让对方必须通过大角度跑动才能打到球；④从底线击球，并采用灵活的战术击球。

第二，拉攻战术。在底线型打法中，可以采用拉攻战术的方法，以底线正手、反手拉球，从而提高对方移动的幅度，就可趁此时机找到对手的弱点，从而采取合适的策略赢得比赛：①采用正反手拉强力上旋的方式，让对方没有起拍的机会，我们就可以借此找到合适的时机进行反击；②在发球的时候，可以采用各种策略增加对方跑动的距离，如果出现了低质量的回球，就可以进行反击。

第三，侧身攻战术。在底线型的打法中，可以采用侧身攻击的方法，如果再配以有力的正拍抽击球，就可以给对方造成很大的威胁：①使用正拍，抓准对手进攻的漏洞，从而获得得分的机会；②采用正拍进攻的方式，让对方多移动，从而探求突击的机会；③采用反手位的策略，突击边线；④采用正拍进攻，力求将球打到同一个落点。

第四，防守反击战术。在底线型打法中，防守反击战术的地位是非常重要的。在使用该战术的时候，要求队员应该有良好的控球能力，能对对手做出准确的判断，并且应该身形灵活、体力较好，这样就可以达到在防守中寻找机会的目的：①在比赛的时候，如果对手采用了底线紧逼的战术，我方可以发上旋球，让对方找不到进攻的机会；②如果对方采用的是发上旋球战术，我方在接球的时候就可以借助来球的力量，将其打到对方脚下；③如果对手采用的是随球上网的战术，我方就应该加快击球的节奏，选准对方的空当，让球打向对方，使其在短时间内难以打出高质量的回球，从而为我方争取时间。

2. 网球战术教学的双打训练

（1）发球技术，具体如下：

第一，发球上网战术。在比赛的时候，双方采用的是均衡站位，所以第一发球非常重要，先发球的一方一般大概会用八成的力量，从而发出不同的旋球，这样就可以提高命中率，并且可以让自己有更多的时间靠近网前；在发第二个球的时候，也应该利用好球的旋转，从而为上网创造条件，在拦网截球的时候要创造大角度，这样才不会让对方有高压抢网的机会。

第二，发球的线路。发球的线路一般来说有三条：内角、中路、外角。在比赛的时候，应该合理运用发球的线路变化，尽可能地提高发球的质量，从而达到破坏对方接发球战术的目的，为我方的发球进攻创造合适的机会。如果接发球队员采用右手执拍打球，右场区的队员在发球的时候应该多发内角球。相对而言，在左场区的队员应该多发外角球，之所以这样做的目的就是想逼迫对方球员采用反手接发球，这样就可以减小来球的力量。与正手相比，多数网球选手的反手抽球技术都不是特别好，对于业余队员来说，这种差异会更加明显。在发球的时候应该瞄准接发球队员的反手侧，给其施加压力，从而让我方找到他们的失误。

（2）接发球技术，具体如下：

第一，接发球双上网战术。为了能够获得网前的良好位置，如果对方发球时，接发球员应该对此有良好的判断，最好采取前进的方式到达底线，在这里将球击回之后接着发球上网。由于是向前迎击球，所以回接球的速度应该是很快的，这就给对方抢网造成了极大的影响，对接发球员的要求也是很高的，所以他们应该做到判断准确，并且最好将球发到上网队员的脚底下。

第二，接发球抢网战术。在精彩的双打比赛中，经常被运用到的一种战术是接发球抢网战术。如果比赛一方运用这种战术，显然会增加另一方发球上网者的心理压力，从而让回球的质量降低。在运用这一战术的时候，接发球队员应该做好与同伴的配合，如果他发了一个质量比较高的低平球之后，应该立马移动去抢网，从而给对方无法反击的机会。要是接发球队员发现自己的同伴去抢网，那么应该马上补位，从而去应对对方可能发出的直线球，所以接发球员的同伴最好不要过早地移动，免得给对方提供发直线球的机会。

第三，接发球双底线战术。在双打比赛中，如果对方的发球带来了威胁，并且网前又非常活跃的话，可以想办法去破坏对方队员进攻的节奏。比如运用接发球双底线的战术，让对方退至底线，这就会让对方产生一定的心理压力。所以，对于接发球运动员而言应该注意接发球的成功率，慢慢地再找机会进行反击，在破网的时候应该要打得有力量一些。

（四）网球战术教学的注意事项

在整个战术的运用过程中，要综合去考虑多方面的因素，具体如下：

第一，比赛过程中及时检验战术实施效果。比赛中经常出现战术非常成功，但是在占据主动的情况下失误。这时要认真总结，冷静分析，调整技术动作。一旦某个技术出现状态不好或手感很差的情况不要急躁，可及时改变战术打法，先回避手感差的技术。如果调整技术不存在问题，就要坚决贯彻既定战术，保持战术优势。

第二，随机应变，灵活机动。实战中如果既定战术没有明显效果，要及时分析并尽快进行调整。在比赛中可以利用不同的球路和不同性能的球对对手进行试探，一旦发现对手的薄弱环节，要马上抓住不放。

第三，敢打敢拼、作风顽强。顽强的打法、敢打敢拼的精神对比赛胜负起着重要作用，比赛中要在精神上压倒对方，不断增强自己的信心。

第四，战术运用要求变。实战中单一的技术打法和战术会很快让对手适应，而对手一旦适应过来后就会变被动为主动。所以在基本技术可以保障的情况下，实战中战术运用和打法选择要有变化，使对手防不胜防。具体到技术上讲，就是要加强落点、旋转、击球深度，甚至在发球变化上，在上网与不上网等方面上都要有变化。这样才可以真正发挥战术的作用，体现战术的价值。

第二节　网球墙与绳梯的训练方法

一、网球墙的训练方法

（一）网球墙球感训练的方法

对于网球的练习者而言，不论是初学者还是中高级选手，拥有良好的球感是非常重要的。球感就是手感，一般指的是手对球的控制能力以及动作的稳定性等。网球初学者在练习球感的时候，可以站在距离网球墙3m～5m的范围内，采用正手持拍的方式将球拍向墙体，等待球反弹回来之后再采用另一只手接球，如此进行反复练习。如果手对球的控制能力有了一定的提高之后，就可以逐步提高难度，比如不再一次性接球，而是连续接球，从而体会到球拍控制球的感觉。

通过大量的练习之后，学习者控制球的能力会逐步提高，此时就可以站在距离网球墙4m左右的位置，适当地增加击球的力量。待球弹回之后用球拍将球接住，尽量不要让球在拍面上弹跳。进行此项练习的目的是为了让练习者体会反弹球的惯性，从而加强练习者的协调性。

（二）网球墙正手、反手抽击球训练的方法

在网球运动中，正手、反手抽击球都是一种最基本的技术，也是练习频率最高的一种技术。对于练习者而言，要想取得技术的提高就应该加强练习。在借助网球墙进行正、反手抽击球练习的时候，可以站在距离网球墙大概8m～10m的位置，先从原地自抛自打开始，采用正、反抽球的方式进行练习，如果渐渐有了一点手感之后，就可进行连续的正、反手抽击球练习。为了提高练习的实用性，可以采用由近及远的练习方式，从而逐步提高自己对球的感觉以及稳定性，后来可以逐步加强力度以及练习的频率。

在练习的过程中，应该注意提高自己的判断力：在移动脚步的时候应该灵活一点，从而保证击球动作是正确的；在击球的时候，应该保证其高度在1m～2m之间。如果练习者拥有一定的训练水平，就应该通过控制击球点以及球的运行路线等提高自己正、反手击球的技术。在距离墙10m～12m的位置，可以将球击到一个固定的范围内，在保证动作正确的基础上逐步提高球的命中率，如果自己击球的准确率提高之后，就可以在距离墙10m左右的地方变动位置，可以在两点之间移动也可以在多点之间移动，通过这种训练，可以逐步提高训练效果。

（三）网球墙正手、反手截击球训练的方法

在网球比赛中，想要快速得分，就可以采用截击技术。在截击的时候球速是很快的，所以球飞行的时间更短，这就要求练习者应该有更快的反应速度以及良好的截击动作。在刚练习这种技术的时候，可以站在距离网球墙3m～5m的位置，采用正手、反手配合的方式练习，这样就可以体会到正确的截击球的动作，不断提高自己的控拍能力。在接下来的时间里应该利用网球墙进行提高练习，比如可以在离球网3m～5m之间进行位置转换练习，例如先在A点进行击球，然后跑到B点将球反手回弹，进行反复练习。这样就可以让学习者逐步适应变动的节奏，并且能够训练其正反手结合的能力。通

过这几个阶段的练习，队员的截击技术将会得到明显的提高。

（四）网球墙挑高球和高压球训练的方法

在利用网球墙进行挑高技术练习的时候应该保证网球墙有足够的高度。例如练习者可以在距离网球墙5m左右的位置画上一条标志线，之后可在距离网球墙面10m左右的位置向着标志线拉上旋球，挑击的力度应该保持适中，在球落地之后再进行下一阶段的练习。

在进行高压球练习之前可以在距离墙1m~2m的地方划标志线。练习者站在距离墙6m左右的位置，将球发出，练习对球方向的控制以及判断能力，当球弹起时应该快速移动，进行循环练习。

二、绳梯的训练方法

在运用"绳梯训练法"的时候会用到"绳梯"。绳梯是一种长度约5m、中间用木棍隔开的一种身体素质训练器材。该种训练器材的使用方法是非常多样的，不仅可以悬挂在墙上进行攀爬训练，还可以将其铺在地上用于脚步训练，显然可以此提高运动员的上下肢力量。

"绳梯训练法"是训练灵活性的一种比较理想的方法。在19世纪末，体育界就对绳梯训练法的有效性进行了深入研究，并且得出了这种训练方法在身体素质训练中有巨大作用。在20世纪初，"绳梯训练法"就成了运动员用来增加上下肢力量以及灵活性的主要方法。"绳梯训练法"在最初的使用中，并没有对绳子的材料做出明确规定，大多的教练员所采取的都是不同材质的绳子或者是布匹；在投入使用的时候，由于运动员的训练强度很大，所以就会出现绳子或者是布匹断裂的情况，这显然就会导致运动员出现损伤。随着时间的推移，人们也开始寻找更为合适的训练材料，柔软度适中的绳梯随之出现，这避免了运动员损伤的出现，并且也在提高运动员肌肉力量以及脚步灵活性方面具有很大的贡献。

（一）绳梯训练方法的作用

采用"绳梯训练法"进行身体素质训练，主要目的是训练运动员下肢的爆发力以及脚步移动的准确性，尤其是脚步移动的训练效果非常明显。与以往的无实物训练方式相比，"绳梯训练法"有着自己的显著特点，运动员在进行脚步移动训练的时候拥有一种轻松愉悦的训练氛围，并且在脚步移动的速度以及灵敏性上的效果会更为理想。在脚步训练的过程中，受训者的注意力会高度集中，传统训练中的那种厌烦情绪也会荡然无存，所以在训练过程中他们会保持高度的注意力。当下，"绳梯训练法"是一种现代程度极高且具有实用性的训练方法。由于这种训练方法新颖有效，能够激发出队员们的训练热情，所以得到了广泛的应用，其作用具体表现在以下三个方面。

第一，能有效提高运动员身体的协调性。"绳梯训练法"能够有效提高运动员上下肢的力量，在这期间，运动员自身的协调性也会得到明显改善。

第二，能有效提高运动员脚步的移动速度。在"绳梯训练法"的训练过程中，运动员会向各个方向移动，这样就会提高他们大腿肌肉的爆发力，显然有利于提高他们脚步移动的速度。

第三，能防止肌肉粘连状况的产生。对于"绳梯训练法"而言，在训练的时候往往没有很大的训练量，训练的环节往往具有趣味性，并且运动员的肌肉在工作的过程中，会有一个明显的预热过程，这样就可以更好地刺激运动员的身体感受器，防止肌肉粘连性的出现。通过上面的分析，可见"绳梯训练法"的应用可行性是极高的，是值得推广的。

(二)绳梯训练中的六点折返跑

在六点折返跑的训练中，"绳梯训练法"的应用应该围绕双脚左右、前后移动等来开展，这可以提高学生双脚前后移动的速度。其是脚步移动训练的精髓所在，也能有效提高训练的效果，其具体训练方法如下：

1. 双脚左右、前后移动练习

（1）将绳梯横放至固定区域。应该将学生的双脚放在第一格以及第二格内，双脚可以向右边的方格去移动，并且落脚点也应该处于方格的中心，当双脚移动到最右边的时候就应该按照原来的路线移动到最左端。在运动的过程中，教练员可以在场边用手打节拍，学生就可以根据教练员节拍的变化调整自己脚步移动的速度，尽量做到每一步的移动都能到达规定的落脚点，并逐步提高速度。

（2）将绳梯竖直摆放在训练区域。应该让学生将双脚放在第一个方格的中央进行准备，之后左脚就应该移动到第二个方格中，右脚移到第三个方格中，从而完成脚步上移的训练动作。在完成了第一组的训练动作后，教练员应该向学生再次阐释动作要点，让他们根据节奏的变化调整脚步的移动速度，每移动一个方格都应该让双脚到达方格的中心，这样就可以提高双脚前后移动的速度。

2. 快速小跑平移练习

多进行快速小跑平移也能提高学生脚步移动的灵活性，在"绳梯训练法"中也应该进行此项练习。快速小跑平移指的是以原地加速跑的方式进行左右的平移。这个训练过程可以提高学生脚步的敏捷性，具体的操作过程可以分为两方面：首先，应该将绳梯放在训练区域的中央位置，让学生在最右边的格子中进行准备，教师下命令之后学生应该端起小臂移动到最左边的位置，然后再移动回原位置；其次，在训练的过程中，教练员应该让学生逐步加快小跑平移的速度，循序渐进地为学生播放节奏感比较强的音乐，在训练过一段时间之后，教练员就可以让学生加快移动的节奏。长此以往，学生脚步移动的敏捷性就会得到进一步提高。

3. 框内、框外并步侧移练习

在脚步移动的训练过程中，可以利用并步侧移的方式对运动员进行训练，这样可以有效提高他们处理边线附近来球的能力。在训练时，常规的训练难以达成统一标准，但是采用绳梯训练的方式会让训练的效果更加明显，其具体的操作包括以下两个方面：

（1）框内并步侧移。先准备好绳梯，并将其进行横向放置，要求学生的双脚放在同一个方格中，开始先将右脚向右移动，左脚也随后右移；之后就按照这个顺序依次移动，移动之后就可以让学生按照原来的路线返回。

（2）框外并步侧移。将绳梯横放，此时不让学生的脚放在框内，让其以绳梯的方框为参照物，进行与框内并步同样的移动流程。采用这种训练方法可以帮助学生提高移动的速度，同时提高其脚步移动的灵活性。

4. 滑步单脚前移练习

滑步单脚前移练习方法可以用于网球的救球过程中。在脚步移动训练中，如果要采用六点折返跑的训练，就应该将滑步单脚前移作为训练之重。因为这种训练方式能够提高学生向前移动的速度，并且能在最短的时间移动到落球点，并更好地处理来球。

通过绳梯进行滑步单脚前移训练时，训练过程必须在框外进行。具体操作是将绳梯竖直摆放在训练场地内，以绳梯作为标志做向前的滑步前移动作，前脚每次移动一格，后脚迅速跟进，向前移动直到绳梯最顶端，然后从绳梯另一侧做滑步单脚前移动作返回。

第三节　网球的不同维度与高强度间歇训练方法

一、网球的不同维度训练方法

教师可以采用多维训练方法从而构建出学生对技术动作的空间认知。在讲授各种动作的时候可以采用拆解以及组合的教学方式，通过对技术的解析完成对各种技术动作的讲解，从而逐步提高学生分析、解决问题的能力，并且不断开发学生的思维，让其对知识体系有更深入的了解。

（一）网球多维训练方法的优势

在不同的技术练习环节，教师可以设置出不同维度的训练方法。具体到教学训练上，就可以根据不同的情况选择是升维训练还是降维训练。在学习网球的单个技术动作的时候，可以将这一动作分解成单一定向的小肌群技术动作，让初学者可以实现从单一维度到多维度的练习。教师可以根据网球的技术特点，让初学者逐步建立整个动作体系，这样就可以让学生逐步喜欢上网球。对于一些高水平的训练者而言，可自己对技术动作进行分解，从而在某个维度上加强对技术动作的掌握，甚至实现技术动作的优化组合。

从学习思路以及训练思维的角度来看，这体现出了分解教学的优势。在引入维度概念之后，教学思路更加清晰了，情景的设置显得富有趣味性。这显然提高了学习者的兴趣，并且也利于调动学生学习的积极性以及创造力。多维训练方法具有以下优势：

第一，有利于提高学生的主体探索和分析能力。多维训练方法通过对三维立体技术的分解，让那些复杂的技术动作变成了简单动作的组合，很显然降低了学习的难度。在学习的过程中，学生可以结合自身的物理学知识，对"时空""目标设置"等有更明确的认知；并且该教学方法还能提高学生自我分析与总结的能力，激励他们不断探索。这样就可以让所学的技术动作在他们心中留下深刻的印象，从而转变学生单一的学习状态，逐步提高他们学习的效率。在使用这种教学方法的时候，技术课教学的方法与情景设计就显得非常重要，教师可以依据学生的身体素质以及各项技能等对学生进行分组，让每个学生都能获得更有效、更适合的指导。在练习的时候，不同小组的学生可以根据组内出现的技术问题进行探讨，在与同学的交谈中某些问题就迎刃而解了。当下，大学生可以利用手机的录像功能将那些较难的技术动作录制下来，从而加深对动作技术的了解。对于一些大家都容易出错的地方，就可以由教师细细讲解。

第二，有利于教师明确系统地执行各阶段的教学目标。在教学的时候，教师可以根据自己的情况设计合理的教学计划，在不同的教学阶段，教学的目标应该层次清晰，并且教学方法也应该有较强的针对性，这样就可以让教学目标得以一步步实现。

第三，有利于建立良好的师生关系与和谐的课堂氛围。在多维训练教学方式下，课堂教学的效率以及教学质量等都可以得到同步提高。在教学的过程中，学生学习的积极性被激发出来了，课堂的氛围与以往相比也显得更为轻松并富有挑战性。教师由知识的传授者转变为了学习的辅助设计者，这可以给学生创造一个自由发挥的空间。在没有压力的环境中，学生可以通过探索逐步对各技术动作获得更深入的了解，并且也可以提高他们分析问题、解决问题的能力。如果在教学的时候采用了情境教学的方法，同学之间的交流与互动会显得更加频繁，在相互合作与竞争中，教学的目标就会得以顺利实现；同时也可以帮助学生构建积极的心理结构，并使其朝着积极的方向发展；同时，师生之间相互交流的形式与内容与以往相比也有了不同，这显然可以促进学生之间合作能力的提高。

（二）网球多维训练方法的类别

1. 网球的升维训练方法

在多维训练方法中，升维训练可以看作定向训练的一种。我们可以将其看作是动作组合训练的一种具体实践方法，在教学的时候运用这种方法可以使学生的学习更加系统化。在同一项目的技术动作中，可以从技术动作组合的思维出发，将相同技术动作进行归类，按照多维训练的方法对其进行划分，从而设置教学的具体方法。这样，可以让学生逐步了解技术动作的构成逻辑，也利于他们自己对技术动作进行分解练习，从而明确不同技术动作组合的意义所在。

在练习的时候可以将这个动作进行分解。首先，练习在静态下的正手上旋回击球；其次，在动态的环境中进行训练；再次，在动态的环境下练习不同角度的排击给球；最后，设置好路线并制定好落点区域。

2. 网球的降维训练方法

在同一个项目的技术动作中，可以按照技术分解的思路，对各种组合技术动作的程序进行分解，从而选择合适的技术动作进行讲授。因为对于不同阶段的学生而言应教授给他们不同难度的技术组合策略，在循序渐进的学习过程中，练习者才会不断习得更多的技术动作。教师可以在合理的范围内降低目标动作的难度，配合分解技术的讲授，让学习者明确某一技术动作的关键所在，这样能够让学习者更好地去组合动作。显然，对于高水平运动员来说，这也同样适用。

在当前的网球竞赛中，技术的细节显得越来越重要，并且正是这些技术细节导致了比赛的成功与否，可见细节所引起的影响是巨大的，在此种情形下，教练员以及团队等就应该从单个的技术出发，设置一些具有针对性的训练方法。随着科技的发展，出现了许多的新技术，比如视频摄影技术等，我们完全可以让学生运用这些先进技术辅助自己的学习。

二、网球的高强度间歇训练方法

高强度间歇训练（HIIT）一般被设定为以不低于乳酸阈强度进行的高强度反复运动，中间穿插低强度运动或完全休息。与一般训练相比，HIIT具有短时高效的特点和优势，将HIIT渗透进整体教学训练计划之中，有助于对某些特定生理系统进行有针对性的刺激和强化。由于网球运动具有典型的高强度、短间歇的运动特征，在网球课程教学中运用融合技能和体能的HIIT，是值得深入探讨的问题。

（一）高强度间歇训练的类型

依据HIIT的生理刺激目标和对训练变量控制的途径，有五种主要的HIIT模式类型，具体如下：

第一，长间歇类型的HIIT。反复运动的运动强度在最大有氧速度/力量的95%～105%，或30-15间歇体能测试强度的80%～90%，持续运动时间超过1min，间歇时间通常采取1min～3min的被动恢复或2min～4min的积极恢复（积极恢复的运动强度为30-15间歇体能测试强度的45%或台阶测试强度的60%）。

第二，短间歇类型的HIIT。反复运动的强度为30-15间歇体能测试强度的90%～105%，或台阶测试强度的100%～120%，运动时间少于60s。间歇时间相当短暂，采取积极恢复，积极恢复的运动强度为30-15间歇体能测试强度的45%，或台阶测试强度的60%。

第三，重复冲刺间歇类型的HIIT。3s～10s的全力冲刺，恢复时间长短不一（多数小于30s～45s），采取积极恢复，积极恢复的运动强度为30-15间歇体能测试强度的45%，或台阶测试强度的60%。

第四，冲刺间歇类型的HIIT。20s~30s最大努力冲刺，间歇时间较长（1min~4min），被动恢复。

第五，基于比赛的HIIT。基于比赛的HIIT主要包括一些针对专项技战术训练的小场地比赛，小场地比赛间的间歇与长间歇类型的HIIT类似。基于比赛的HIIT涉及决策，以及与对手、队友的互动，通常需全身心投入比赛，持续运动2min~4min，间歇时间2min~4min，被动恢复为主。

（二）网球高强度间歇训练的意义

网球运动需要全面的技术能力、体能素质以及心理素质、智力素质，满足这些需求是构建网球课程教学内容体系、设计网球课程教学计划、保障网球课程教学质量、完善网球课程教学评价的依据。网球运动是一项技能主导类的隔网对抗性运动，技能作为网球运动的首要需求是毋庸置疑的，但体能素质的重要性也是不能忽视的，因为体能素质是保障技术能力发挥的基础和保障。

网球运动是典型的高强度间歇性运动，即短时高强度运动（4s~10s）和短时间歇（10s~20s）交替进行，中间穿插几个较长的休息时间段（60s~90s）。网球运动需要高超的专项技能（如发球、击球），专项技能是最重要、最突出的制胜因素。但网球运动同时也是一项需要反复短时爆发性的运动，需要强有力的发球和击球，需要强大的力量、爆发力、速度、敏捷性和协调性，需要快速加速、减速和改变方向的能力。网球运动需要强大的无氧能力来实施移动等技术动作，同时也需要强大的有氧能力来支持机体的恢复，这从网球比赛中机体的生理学反应中可见。例如在最高水平网球比赛期间，平均心率为最大心率的70%~80%之间，平均摄氧量值约为最大摄氧量的50%~60%；在密集比赛期间记录到超过最大摄氧量的80%，乳酸值则在比赛期间上下波动，平均值在1.7mmol/L~3.8mmol/L之间，在长时间的比赛和恢复时间有限的情况下会急剧增加（>8mmol/L），这些生理反应表明网球比赛更多是依赖无氧糖酵解途径供能，而有氧能力的强弱则决定着机体清除乳酸、缓解疲劳的效能。在时间较长的网球比赛中，如果没有强大的体能做保障，不仅会影响技能的发挥，还会因为疲劳的累积而大大提升受伤的概率。因此，如何在网球课程教学中将技能教学与体能训练结合起来至关重要。鉴于授课时间有限和网球运动的专项特点，在网球课程教学中运用合理的HIIT可以较好地兼顾技能教学和体能训练。

（三）网球高强度间歇训练方法的应用

1. 网球课程教学中HIIT的类型选择

不同类型的HIIT，具有不同的生理刺激目标，训练负荷变量调控的途径会有所侧重，会产生不同的生理代谢和神经肌肉负荷刺激效果。因此，选择合适的HIIT类型，有利于在网球课程教学中实现技能教学与体能训练的有机融合。结合网球运动的专项需求特点和HIIT类型的特点，网球课程教学应主要采取短间歇类型的HIIT和重复冲刺间歇类型的HIIT和基于比赛的HIIT，谨慎选择长间歇类型的HIIT和冲刺间歇类型的HIIT。原因在于，长间歇类型的HIIT和冲刺间歇类型的HIIT与网球运动的专项运动特点不符，而且长间歇类型的HIIT由于单次冲刺时间较长、冲刺距离较长、运动负荷较大，很难在实施过程中将技能教学融合进去。

2. 网球课程教学中HIIT的类型运用

（1）短间歇类型的HIIT。短间歇类型的HIIT特别适合在网球课程教学中将专项技能教学与体能训练融合起来，短间歇类型的HIIT根据专项技能特点，可以采取多种运动间歇安排，例如30s～30s、20s～20s、15s～15s和10s～20s等。采取短间歇类型的HIIT，几乎可以把所有网球专项技能教学内容都融合到网球课程教学中去，方便结合前进、后退、跳跃、多方向移动变向等体能训练内容。在网球课程教学中，教师可以根据本节课的授课主体内容，合理组合专项技能教学与体能训练的融合，并通过合理的场地划分和人员分组，控制运动负荷和间歇时间。体能训练内容既可以包括具有各种技战术目的的移动练习，也可以包括各种旨在强化某些神经肌肉功能的力量练习，例如克服自身体重的快速伸缩复合训练和用弹力带作为阻力的轻抗阻练习等。

（2）重复冲刺间歇类型的HIIT。重复冲刺间歇类型的HIIT是一种提高有氧能力的省时高效的训练方法。利用这种训练方法，可以快速有效地构建有氧基础，有利于维持网球运动中的长时间运动能力，并提高间歇恢复能力。利用重复冲刺间歇类型的HIIT，要特别注意冲刺的距离限制和间歇安排。一般冲刺距离要控制在20m以内，间歇安排一些低强度的慢跑或专项技术动作。此外，要注意冲刺不要仅限于线性冲刺，还要涉及多方向的冲刺。同时，要将重点放在冲刺初始阶段的加速能力和冲刺最后阶段的制动能力上：初始加速度和最终阶段的制动能力是决定网球运动表现的关键因素。在进行重复冲刺间歇类型的HIIT时，为了刺激练习者的努力程度，可以在冲刺制动阶段融合一些简单的网球技能练习，例如网球截击球。需要注意的是，进行重复冲刺间歇类型的HIIT是存在一些受伤风险的，特别是大腿后侧的腘绳肌。因此，需要特别注意控制重复冲刺间歇类型的HIIT的训练量，一般设置短于20m的冲刺距离，练习2组~4组，每组5次~8次冲刺即可，中间穿插25s左右的主动恢复。

重复冲刺间歇类型的HIIT由于存在运动强度大、受伤风险高等原因，因此不宜安排较多，以免影响后继教学的质量并增加受伤的风险。网球课程教学中，在运用重复冲刺间歇类型的HIIT前，最好先构建一些力量基础，例如利用自身体重进行一些跳箱、跳栏、跳绳、敏捷梯跳跃、多边跳等练习。

（3）基于比赛的HIIT。考虑到专项技能是保障网球运动表现的决定性因素，以及教学时间总是很有限，运用基于比赛的HIIT将技能教学与体能训练融合的方法应该是最为有效的方法。运用基于比赛的HIIT来构建网球课程教学，需要围绕网球比赛这个主体内容来制定网球课程的教学计划，这种以网球比赛为导向的教学很容易将技能教学和体能训练融合在一起。这里的网球比赛不是指正式的网球比赛，而是指以改善、提高某方面技能水平或某方面体能水平为目的而采取的教学性、训练性比赛。这类网球比赛一般指向某一明确的教学主题、训练主题，多采取经过修改的、具有典型情境化特点的小场地网球比赛。根据练习者的水平，这些小场地网球比赛的组织形式、练习内容的难度、练习的场地大小、规则设定等方面可以多样化。

例如，在网球课程教学中运用基于比赛的HIIT时，可以采取两人对打的方式进行，可以要求练习者在不同位置采取不同的击球技术（例如正手或反手击球），也可以采取让水平高的人员给练习者喂球的方式提高练习的运动强度，或者可以通过限定回击球的落点区域来增加练习的难度等。在网球课程教学中运用基于比赛的HIIT，会很自然地将技能教学与体能训练融合在一起，但这种方式也存在一个不容忽视的困境，即练习者的水平会影响同一个教学训练设计的实际运动强度。在一般情况下，通过控制练习时间（如1min～2min）、间歇时间（如45～90s）的方式可以粗略控制教学训练的运动强度。但要切实保障或提高练习者的运动强度，需要对练习者的技能水平或体能水平进行摸底，让水平相当的练习者组对练习，效果可能会更好一些。而如果将水平差异较大的练习者安排在一起，会出现运动强度对一方而言过高而对另一方而言又过低的不平衡问题。而要解决这个问题也是有许多办法的，例如可以要求体能更好的一方在进行网球比赛前额外进行一些其他训练，或对技能更好的一方进行一些技术、区域的限制等。

此外，需要注意的是，在运用基于比赛的HIIT时，要避免频繁捡球造成的运动密度下降问题，需要安排一些辅助人员及时给练习者供球以便维持较高的练习密度。在网球课程教学中运用基于比赛的HIIT，虽然采取了比赛的形式，但其主要目的仍然是提高技能和体能。当练习者在练习过程中出现技能动作实施准确率明显连续下降的问题（例如连续多次都击不到球）时，一般都暗示着练习者的疲劳累积情况已经比较严重了，此时可以适时停止比赛而不必完全拘泥于时间的限定标准。停止比赛后可以即刻测量一下该练习者的心率，以便协助判断运动强度的大小，为以后的网球课程教学训练计划设计提供参考依据。

第四节　网球的视频反馈与多媒体表象训练方法

一、网球的视频反馈训练方法

视频反馈训练方法是教练员借助摄像设备记录视频动作，运动员通过视频记录的内容反复进行回顾分析、纠错和学习，以规范自身的技战术动作的训练方法。伴随着视频录制设备的革新和发展，视频反馈训练已成为一种便捷有效的训练方法。高校教师利用视频反馈训练法进行训练，不仅是对新兴训练方法的探索，而且能够根据步伐、技术、战术以及体能训练的需要进行有效训练，从而提高运动员的竞技水平和训练效率。

（一）网球视频反馈训练方法的特性

1. 空间运用的多维性

多维空间的出现使得宇宙间的一切都相互联系在一起，运动场上的事物亦是如此。从三维视角而言，运动员能够更加清晰地感受立体的世界，也就是说，在训练中通过三维摄像可以让运动员置身于"运动空间"；这样，运动员可以从不同的角度发现自己在训练中存在的问题和不足。视频反馈训练法可以将一维空间的移动、二维空间的技术以及三维空间的战术体现得淋漓尽致，运动员可以根据自身需要发现移动的不足、技术的优缺点以及战术的合理性。视频反馈训练法所独有的多维性既解决了教练员的指导问题，又提高了运动员的积极性，进一步促进了训练模式的发展。

2. 设备操作的便捷性

视频反馈训练法最大的优点在于操作的便捷性。只要有一部普通的智能手机，运动员可以根据训练的需要在不同的训练地点、不同的时间拍摄不同的训练动作。比如，一部手机不仅可以拍摄运动员的移动训练、线路训练还能记录运动员的体能训练。除此之外，视频反馈训练法还可以对运动员的技术结构、战术思路进行有效的训练，这样既解丰富了训练的手段方式，又可以让运动员以更好的状态投入到训练之中。

3. 训练反馈的科学性

视频反馈训练法的推广意义在于它特有的科学性。运动员通过对所拍摄视频的分析可以清楚地发现自身在训练中存在的问题：移动的速度、折返的灵活性、技术结构的合理性以及战术线路的目的性都能够在视频中反馈出来。这样，运动员可以根据自身存在的问题，调整训练方法和手段，规范技术动作，有针对性地剖析自己，从而达到科学训练的目的。

（二）网球视频反馈训练方法的应用

1. 网球技术训练方面的应用

网球技术包括正反手、发球、接发球、网前截击、高压球、切削球以及凌空球等技术。由于许多学生在进入大学之前并未接触过网球这项运动，导致网球技术相对较差，缺乏系统的训练。多样的技术和匮乏的场地制约了学生运动员的进一步发展，使得一些运动员在技术结构以及专项素质方面缺乏有针对性的指导。视频反馈训练法可以将每位运动员的技术制作成单独的视频，然后运动员自己根据视频中存在的问题进行具体分析，正反手的拍面问题、发球的连贯问题以及接发球的衔接问题都能够通过视频反馈得到有效解决。通过视频反馈训练法的运用，既达到了训练的效果，又丰富了教练员的训练手段，进而调动了运动员训练的积极性，提高了运动员的训练效率。

2. 网球战术训练方面的应用

网球战术在比赛中扮演着重要的角色。单打的底线相持、防守反击以及发球上网战术是比赛中最为常见的战术，也是运用较为广泛的几种战术。单打战术的关键在于运动员对场上的阅读比赛的能力，如何在对抗中抓住对方的弱点给对方致命一击是运动员亟待解决的问题。双打项目对战术提出了更高的要求，科学合理的战术是比赛取胜的关键因素；发球战术、接发球战术、挑高球战术、双底线战术、双网前战术以及站位的选择都需要运动员进行很多锤炼才能得以灵活运用。视频反馈训练法有效解决了训练的战术问题，单打战术的移动和调整、双打战术的运用以及站位的选择都可以在视频中清晰地反馈出来，这样就可以选择不同的战术进行有的放矢的训练，提高训练的效率。因此，有目的地对网球单打和双打战术进行训练可以有效提升运动员的运动技能和竞赛成绩。

3. 网球线路训练方面的应用

在网球训练中，线路训练是技战术发起的重要基础。在平时的训练中，应加强线路的练习，以培养运动员有清晰的线路意识和明确的技战术意图。由于单双打特点的不同，线路的训练也不尽相同；单打则注重线路的变化来调动对手，双打则注重避开网前队员，注重线路的变化的应变能力。视频反馈训练法可以根据技战术训练的需要，训练不同的线路，并且可以将训练中存在的问题及时反馈给运动员，运动员根据反馈的信息调整训练计划和训练内容。视频反馈训练法明确了线路训练内容，形成了成熟的战术思维，对运动员的控球技术提出了更高的要求。由于比赛中线路变化的多样性，运动员会尽量将球回击到目标区域，这对学生技战术水平的提升具有重要的现实意义。

4. 网球移动训练方面的应用

移动是网球运动员参加比赛的特有基础因素。网球项目移动的特点在于移动方向的多变性以及折返移动的灵活性，与单纯的速度移动有明显的区别。运动员在比赛或者训练中往往会忽视移动的重要性，这也是多数业余运动员面临的主要问题。其实，在训练中移动不到位往往会出现一系列的问题：动作结构失衡、击球点偏差、对球控制能力下降都会直接影响应动员技战术的发挥。因此，运动员可以借助视频反馈训练法进行调整，前后的折返、左右的移动、对角的加速以及四角的变换都需要队员移动到位才能达到训练的效果。视频反馈训练法在网球移动训练中发挥着重要的作用，给运动员技战术的发挥和竞技水平的提高奠定了坚实基础。

二、网球的多媒体表象训练方法

在网球技术动作中,主要包括发球之前的准备动作以及发球技术动作。按照网球运动发球动作的过程及发球动作的目的,可以将网球发球技术动作分为四个阶段,即准备姿势、抛起和后摆动作、挥拍动作,以及随挥跟进动作。另外,按照网球发球技术动作中球性的特点,又可以将网球发球技术分为三种类型,即发平击球、以侧上旋为主的发球及侧旋转发球。同时,需要强调的是,网球运动的发球技术动作中又包括发球速度、球的落点位置以及球的旋转三大元素。

多媒体表象训练法又叫作"念动训练法",也叫"想象训练法",指的是在运动员头脑中对之前能够正确完成的技术动作进行反复想象与回忆,并对这一技术动作进行再现,从而唤起一种临场感觉,进而实现自身运动技能与控制能力提高的心理训练法。在对运动员进行表象训练的过程中,运动员的技术动作相关肌肉会产生一系列的神经支配活动,这些神经支配活动会产生与现实中完成技术动作基本一致的效果。换言之,运动员进行一次表象训练,能够产生与真实动作训练相同的效果,也就相当于完成一次真实训练,所以能够在很大程度上增强学生技术动作的训练效果。根据运动训练学理论,对运动员采用表象训练法,能够帮助其在大脑中建立正确、规范的动作定型,使其大脑对正确的技术动作进行再现,并通过一系列的训练活动来进一步对整个技术动作进行巩固与掌握。将多媒体表象训练法运用于网球发球技术教学中,能够激发学生学习的兴趣,增加学生集中注意力的时间,提高学生发球动作的连贯性、精准性与稳定性,并能够帮助学生形成正确的发球技术的动作定型,从而达到事半功倍的效果。

(一)网球多媒体表象训练法的策略

1. 增加网球课时,完善物质条件

首先,大学体育课应该适当地增加网球运动课程时间,为体育教师的"教"与学生的"学"提供足够的时间。一方面,有利于教师利用多媒体表象训练法,对网球发球技术的动作进行更加详细、深入的讲解与指导;另一方面，有利于学生更加准确、规范地掌握网球发球技术动作，进而实现网球运动发球技术教学与学习效果的提升。

其次，大学体育课应该增加对网球运动的重视程度，进一步加大对网球运动场地、器材及多媒体设备的投资力度，为教师运用多媒体表象训练法来对学生的网球发球技术进行训练提供完善的物质条件，进而进一步增加学生学习网球课程的兴趣，从而实现其网球发球技术训练效果的有效提升。

2. 改变教学方式，增加教学内容的针对性

体育教师在开展网球发球技术教学的过程中，应该根据学生的个体差异性进行针对性教学。对于感兴趣程度较小、接受能力较弱、网球基础较差的学生，可以先培养其对网球运动的兴趣，使其充分感受到网球运动的价值与魅力。然后适当放慢讲解速度，并组织其反复观看训练视频，对其每一个不规范、不正确的发球动作进行指正，直到其能够独立且熟练、准确地完成网球运动发球动作，再教授其相应的技术技巧，以实现其发球技能的逐步提升。对于兴趣度较高、接受能力较强、网球基础较好的学生，在教授其基本发球技术动作的基础上，可以注重对其相关技巧的培养，以实现其网球运动发球技术向更高水平的发展。

（二）网球多媒体表象训练法的步骤

第一，互联网络以及开放的网络平台为网球多媒体教学创造了有利条件。网球教师可以为学生搜索高质量的网络教学视频以及网球的相关视频，引起学生对网球的重视，充分调动学生学习网球的积极性、主动性，激发学生的学习兴趣。除此之外，教师还需要对视频内容进行讲解，分析动作要领，帮助学生更好地掌握基本技能。

第二，网络课程学习只能作为学生学习网球的第一步。接下来，学生应通过大量的练习来巩固所学知识，把实践课程作为网球教学的重要组成部分。首先，教师需要演示一些基本、核心的动作；其次，教师应当及时纠正学生在实践中存在的问题，进一步提升学生的整体水平；最后，教师向学生传授相关的网球技巧，让学生能够轻松地学习网球。讲解完成后，教师应要

求学生闭眼并回忆之前的动作要领和技巧，这样才有助于视觉表象的形成。

第三，教师可以将网球发球大致分为准备、抛球、引拍、击球四个基本步骤，并且每一个步骤都有与之对应的口令。学生需要将眼睛闭上，教师不断重复发球四个步骤的口令，学生跟随教师的节奏，回忆相应的动作，听觉表象就在此过程中形成了。

第四，教师的口令与学生大脑中的表象一一对应，学生就能够根据自己大脑中所浮现的表象，对网球的发球过程进行情景再现，将拆分的步骤逐步转变为成套的动作。在学生练习的过程中，教师需要利用录像设备对学生的整个动作进行拍摄。学生在大量的练习之后，再闭上眼睛，在口令的引导下，做出相应的动作，并想象自己发球成功的场景，达致听觉、视觉、动觉的完美融合。

第五，通常情况下，我们将上述过程称之为表象训练，在学生经过大量的练习后，教师可以要求学生闭眼想象一次，进行巩固。

第六，在每一次训练完成后，教师应组织学生进行一系列的放松练习。在相对放松的状态下，复习所学内容，教师可以通过语言暗示的方式让学生徒手练习动作。

第七，将实践课程中录制的视频以及拍摄的照片进行展示。先让学生观看并指出相应的问题，然后教师对学生的动作进行点评，指出错误的动作并示范正确的动作，让学生更深入地了解网球的动作要领，这不仅能够加深学生的印象，还能够提升学生的能力。

值得一提的是，网球运动具有一定的危险性，网球运动员在运动过程中的动作幅度相对较大，发球过程中极易造成运动员的损伤。常见的损伤有腕关节损伤以及肘关节损伤等，为了有效避免此类损伤，教师应当为学生讲解一些保护措施，要求学生按照规范发球，树立自我保护意识并且培养学生自我保护的能力，尽可能降低发球所带来的损伤。

第五节　扇形移动训练法下的网球教学创新

一、扇形移动训练法下网球教学的原则

(一) 训练形式的趣味性原则

关于大学网球训练的创新，教师需以学生为核心，对具体的训练形式、方法等进行优化与完善。教师需了解学生对网球训练的态度、学习诉求等，并认识到枯燥的训练形式对整个训练活动带来的消极影响。而将扇形移动训练法应用到大学网球训练的过程中，教师在强调训练模式的"新"的同时，应确保其具有一定的趣味性。通过最大程度调动学生参与网球训练的积极性与兴趣，令他们能够连贯性、持续性地完成技能训练、体能训练。教师需要立体化、全面化地分析网球训练的内容、方式、流程、手段，所设计的训练方案必须体现学生的主体地位。教师应充分依照学生的兴趣、认知、身心成长规律等，设计具有层次性、科学性的训练任务与训练计划。教师以具体训练目标为导向，对扇形移动训练法进行合理化、有所侧重的应用。教师需确保训练任务与训练内容保持高度的一致性，使学生在愉悦的氛围中获得不同技能的训练。教师需关注学生的心理健康、身体健康情况，并赋予扇形移动训练法一定的娱乐属性。由此，使学生无论是在做力量训练，还是速度训练时，都能够保持高度的热情。切实发挥扇形移动训练法的作用与优势，全面提高网球训练效能与效率。

(二) 训练过程的有针对性原则

网球是一项以脚步移动为重点的竞技项目，若缺乏扎实、稳定的步法移动能力将无法在比赛中获得先机。快速移动能力是确保学生接近网球的关键一步，更是赢得比分、把控比赛节奏的重要环节。因此，大学必须保证扇形移动训练法的应用具备一定的针对性，在对学生的技术、技能、战略意识等

进行强化的过程中，需以脚步移动训练为核心。如教师通过起动、变向、变速等手段，对学生的脚步移动速度、折返速度、制动能力进行科学的训练。

教师在不借助任何体育器材开展网球训练活动的过程中，应科学地设计不同运动环节的轨迹与程序。并能够使学生在正式训练前全面了解扇形移动训练的内容、方式、流程等，确保他们提前做好准备的情况立即投入到实战训练中。由此，避免学生不了解移动的具体方向而出现队形混乱的现象。因此，教师具体运用扇形移动训练法教学的过程中，需对做好教学设计。既要规定好移动的坐标点、发散点，还需始终保持规范性、科学性的原则，使学生严格按照既定的任务与轨迹等进行网球训练。教师应该以脚步移动训练为核心，对网球训练的场地、运动轨迹等进行细致化、科学化的安排与设计。不仅保证扇形移动训练法便捷性，还需体现整个训练过程的有针对性，使学生的技术、技能等获得有效训练。

二、扇形移动训练法下网球教学的创新策略

（一）网络教学与传统训练融合

大学体育教学需要以扇形移动训练法为灵感，对网球训练模式进行创新与完善。针对该项网球训练方法的特征，对理论教学与实践训练形成新的思考。教师为了能够保证实训项目的有序、高效地推进与实施，必须帮助学生做好理论基础与精神建设，即教师需要系统、全面、完整、深入地向学生讲解扇形移动训练法的概念、原理、流程、形式等，使他们明确学习思路与方向。教师可充分发挥现代信息技术的优势与价值，做好网络教学与传统训练的融合。

一方面，教师需利用在线教学平台组织学生学习网球训练的理论知识。如网球竞技要点、规则、移动步伐，以及扇形移动的规则与标准等。教师可将这些抽象、复杂的理论知识制作成动画视频，使学生立体化、直观化地学习相关内容。教师基于网络教学帮助学生全面了解网球训练的规则，并使他们明确扇形移动训练法的核心内容。另一方面，教师通过前期的理论培训，

可引导学生能够投入到扇形移动训练的实践中。如师生间通过提前商定脚步一定的标准、移动轨迹、指挥手势等，令他们有序、快速、准确地做出反应。例如，教师可在训练场地选择最高点对学生的运动方向进行指挥，运用向左、向右、集合、分散等不同的手势等，使他们在接收指令后立即做出反馈与行动。

由此可见，教师不仅利用扇形移动训练法丰富网球训练体系，还可基于在线网络教学平台拓展理论教学形式。通过融入科学、现代化的训练方法、教学手段，可促使高校网球训练逐渐形成新模式、新思路、新策略。

（二）发挥多方向移动训练的作用

基于扇形移动训练法的大学网球训练创新，网球体育教育工作者需真正突显多方向移动训练的优势与作用。作为多方向移动训练的重要组成要素，扇形移动训练法在网球训练中的应用，需注重在移动方向与速度方面进行思考。从某种角度来说，移动轨迹设定的科学性、移动训练的科学性、移动形式的丰富性等，都会对高校网球训练的质量与效果产生关键性的影响。因此，大学体育教师必须严格遵守训练过程的规则性、针对性的原则，有目的性、计划性地对学生的快速移动能力、折返移动能力等进行有效训练。在整个训练的过程中，体育教师需对学生个体的体能情况、心理状态、基本素质等进行全面的考量，并对人体运动的形式进行正确的规范。

教师可以利用多方向移动训练方式对学生的肌肉力量、身体协调性、反应能力等进行科学训练。同时，教师需从运动力学角度出发，对扇形移动训练的内容进行创新与调整。既要利用特定的变向、加速训练对学生的体能进行科学训练，还需利用好人类自身躯干支柱的功能，即学生在变换方向与速度的过程中，需切实保证身体重心的稳定性。且在响应教师移动指令的过程中，需指导学生有意识地思考动力链的相关问题。由此，使学生更好地把控自己的身体，基于良好的平衡性与快速的反应，令他们制动能力、步伐变化的速度、精准度等获得全面的强化。教师还需要借助不同的动作训练提升学生的身体协调性、灵活性，并能根据训练的实际情况在不同方向进行移动，并严格对既定的运动轨迹进行加速训练。由此，使学生的身体控制能力、腿部的移动速度、力量等不断提升，令他们具备在赛场上把控节奏、掌握先机的能力。

（三）创新完善网球移动的步伐

大学体育教师对网球训练模式进行创新与完善的过程中，需明确该运动项目的主要移动步伐。在此基础上，根据扇形移动训练法的特征、优势等，对网球移动步伐进行进一步的完善与丰富。目前，大学体育教师主要是以交叉步、跨步、滑步等为核心，对学生的网球运动技能进行强化训练。而关于扇形移动训练法在网球训练中的运用，教师需利用各具优势的步伐设计多样化的训练方法。例如，教师可将不同的移动步伐进行科学的融合，以混合步伐的形式进行移动训练。并通过设定不同的运动轨迹对学生的击球技术、控球技术等进行训练，真正展现扇形移动训练法的优势与功能。又如，教师以不同的移动步伐为参考，以既定的坐标点为中心，引导站立在不同方向的学生朝不同的方向进行有序的运动。并在运动的过程中能够适当地加速、变向，最终按照规则与规定完成整个训练任务。

当然，教师在以既定的移动步伐为核心开展扇形移动训练的过程中，需将多样性、复杂的动作规范成具有共性的训练方式。这样才可保证大学网球训练的系统性、规范性、标准性，使学生基于完善的移动动作训练体系获得技能与技术的提升。教师在以扇形移动训练法为参考创新大学网球训练模式的过程中，需以动态视角出发，对学生的训练效果、学习心态、动作类型、移动步伐的有效性等进行研究。根据最终的训练情况、学生的成长等方面，有方向性、针对性地完善、优化并步、滑步、交叉步等移动步伐。使学生基于科学、丰富的移动步伐，更加积极、有序地加入扇形移动训练当中。

第三章　网球运动员的素质训练教学与创新

第一节　网球运动员的身体素质训练

身体素质训练就是运用各种身体练习，有效地影响人体各组织、各器官机能状态、代谢水平及形态机构，从而达到提高竞技能力的目的。评价一个网球运动员的综合机能，身体素质是其中非常重要的标准之一。因为，网球运动员的身体素质是运动员进行网球训练与比赛的重要基础与前提，因此，身体素质训练是网球运动训练中不可缺少的训练内容。具体而言，身体素质训练就是锻炼提升网球运动员的力量、速度、耐力与柔韧度、灵敏度等。

身体素质就是人们自身所具备的能够认识世界、改造世界的能力。身体素质主要指人的健康水平与大脑机能。具体包含身体的发育程度、体质的强弱程度、生命的长短、智力水平、耐力水平等，既涉及生理层面，也涉及心理层面。身体素质是人类进行一切社会生产活动、生活活动的前提与条件。从本质上来说，身体素质就是人的体质与运动机能。《体育词典》对身体素质的定义是：身体素质是指人体活动的一种能力。指人体在运动、劳动与生活中所表现出来的力量、速度、耐力、灵敏及柔韧性等机能能力。从这一定义中可见，身体素质不只包括人的运动机能，还包括人的劳动机能与生活机能。

如果从运动生理学的角度出发，身体素质则主要指人在进行肌肉活动时所体现的关于身体力量、速度、耐力与灵敏度的能力。身体素质主要包括健康素质与运动素质两个方面：健康素质主要指与身体健康相关的素质，运动素质则是与运动相关的身体素质。健康素质受到人体健康水平与身体体质的影响较多，具体的影响因素包括心血管的耐力、肌肉的力量与柔韧度等，每个人都需要具备健康素质，它是判断一个人是否健康、体质强弱的重要指标。运动素质主要指能够正确完成运动动作的能力，其影响因素包括身体的反应力、运动速度、灵活性、协调性等。对于运动员而言，运动素质是其必须具备的身体素质，这也是判断一个运动员运动能力高低的重要指标。为了更好地增强自己的运动素质，运动员们会按照自己所从事的运动项目的特点，通过专业的方式与途径进行运动训练，以此提升自己的运动水平。

当前，人们常常将身体素质视为体育运动中的专业名词。在体育运动中，身体素质就是人在进行体育运动时所体现的力量、耐力等机能。这些机能具体可以表现为肌肉的收缩力量、完成运动动作的速度、肌肉的持续发力时间、肌肉群的协调配合、关节的灵活程度等。由此可见，这些机能都需要通过肌肉活动的形式表现出来，因此，身体素质也可以表述为基于人脑神经中枢的调控，人体的肌肉活动所表现出来的机能。

一、一般身体素质与网球运动员身体素质

一般身体素质，即一般普通人具备的正常的身体素质，它是人体综合机能的表现，具体而言包括力量素质、速度素质、耐力素质、灵敏素质、柔韧素质等。而网球专项身体素质具有较强的专业性，专门针对网球运动员而言，是指网球运动员特有的、超出一般人的身体素质。一般情况下，网球对运动员的力量、耐力、柔韧度、协调性这些素质有其特殊的要求。要想在网球训练以及网球比赛中取得良好的成绩，网球运动员就必须保证自己的身体素质与运动能力协调发展。一般身体素质训练是专项身体素质训练的基础，运动员要具有健康的身体和较好的身体素质，才能顺利地开启专项运动训练，从而提升自己的专项运动能力。

具体而言，一般身体素质训练就是采用各种非专项的训练方式，保持运动员的健康水平，从整体上提升运动员的各项身体机能，增强运动员的肌肉力量与耐力，提升其运动速度以及身体的灵活度、柔韧度，促进运动员身体机能的协调发展。

网球专项身体素质训练就是基于网球运动的特点，选用一些与网球运动紧密相关的、具有针对性的训练方式和训练项目，在训练过程中有针对性地提升和改善运动员在网球运动中需要突出表现的专项机能。这些机能与网球运动有着直接的联系，如果网球运动员能够熟练掌握这些专项运动技术，就能在网球比赛中有更加优异的表现。

一般身体素质训练与网球专项身体素质训练既存在一定的差异，也有着一些相通之处。其差异主要体现在训练目标、训练方式以及训练负荷等方面；其联系则在于网球专项身体素质训练需要建立在一般身体素质训练的基础之上，一般身体素质训练是运动员网球专项身体素质提升的不可或缺的条件。因此，一个运动员要想拥有较高的网球专项身体素质水平，他自身的一般身体素质也必须达到较高的水平。一般身体素质训练与网球专项身体素质训练的要求并不是一成不变的，而是要跟随网球运动水平的提高而相应地做出调整，达到互相协调促进的效果，进而提升网球运动员的整体素质。

随着网球运动水平的不断发展，其对一般身体素质训练与网球专项身体素质训练的要求也在不断变化。网球运动水平可以分为初级阶段与高级阶段。在初级阶段，运动员需要整体地、综合地提升自己的身体运动机能与身体素质水平，还要把握一些基本的网球专项技术与比赛战术；到了高级阶段，网球运动员除了要把握更加复杂的、高超的网球技术与战术，还要考虑在比赛中的成绩，而要想获得良好的成绩就必须使自己的网球专项身体素质得到最大限度的发展。基于此，一般身体素质训练与网球专项身体素质训练各自的训练量占比需要按照网球运动水平的变化进行适当的增减与调整。通常而言，随着网球运动水平的提升，一般身体素质训练应该逐渐缩减，网球专项身体素质训练应该逐渐增加。当然，具体的调整策略还要放在具体的训练时期、训练阶段以及训练任务中去考量，一般身体素质训练与网球专项身体素质训练应该协调占比，共同发展，只有这样才能让运动员的身体素质水平得到相应地提升。

二、对网球运动员身体素质的要求

身体素质训练是运动员克服自身身体变化的一个艰苦、枯燥的过程。在训练过程中，要注意多方面的问题，合理安排训练。要保持运动员的主观积极态度，形成明确的训练目标导向、合理的训练方法与手段，采用合适的鼓励方法等。在网球专项训练中要重点关注以下要求：

第一，网球运动员身体素质训练要有计划，循序渐进，注意安全。人体的各项机能是紧密联系、相互影响的，身体素质的发展是逐步进行的，因此开展身体素质训练必须具有一定的系统性。要制定一个长期的训练计划，循序渐进地增加训练量，同时还要注意身体安全，不能给身体造成过重的负荷。在通常情况下，身体素质训练的强度要由小到大，训练的动作要由轻到重，速度要由慢到快。每次训练之前要完成准备活动、热身活动，增加助力时要量力而行，不要用力过猛，否则有可能对身体造成伤害。练习后，要做好肌肉的放松活动。

第二，结合网球专项技术进行身体素质训练。进行身体素质训练的终极目标就是在专项运动上获得良好的成绩。因此，身体素质训练要基于网球运动技术以及网球运动特点，促进运动员网球专项素质水平的提升。在身体素质训练中加入网球专项技术训练，能够有针对性地提升运动员的专项运动能力。

第三，身体素质训练要体现个体化特点。每个人的身体素质与运动机能都存在差异，倘若使用死板的训练模式对运动员进行身体素质训练，必然会影响最终的训练效果。因此，科学合理的身体素质训练应该是个体化的训练，应该根据运动员个体的不同特征制定个体化的训练计划，设置个体化的训练目标，选择个体化的训练方式，训练量上也要进行个体化的调整。

第四，身体素质训练应与技术训练、战术训练和心理训练有机结合。身体素质训练除了要锻炼运动员的生理机能，还要增强运动员的心理素质，让运动员在训练中掌握网球技术与比赛战术，体能训练要与技术、战术训练以及心理训练相结合，可以根据不同的训练阶段、具体的训练任务适当地调整体能训练的占比。

三、对网球运动员身体素质训练的方法
（一）网球运动员力量素质的训练方法

力量是指人在任何时候能够举起或承担的重量。人的体能主要由力量素质构成，力量素质决定着一个运动员的运动成绩，同时它与其他的运动素质具有密不可分的联系。如果不具备力量素质，运动员就很难熟练掌握运动技术，也几乎不会在比赛中获胜。实际上，力量素质训练的发展对促进竞技运动水平的提升有着积极的促进作用。人的身体具有运用肌肉收缩来对抗阻力的力量与能力。从生物力学的角度出发，人体内部相互作用生成的力即"内力"。而"内力"中最重要的主动力就是肌肉拉力，可以说，肌肉拉力是人体动力的来源。

1. 一般力量素质的训练

（1）腰腹力量训练：①运动员肩负杠铃或手提杠铃做上体屈伸、左右转体、体侧屈训练；②运动员做收腹或仰卧起坐训练；③运动员在凳上做仰卧起坐或俯卧体后屈训练，训练时一人扶脚；④运动员在斜板上连续快速做仰卧起坐训练；⑤运动员做单杠或肋木上举腿训练；⑥运动员在沙地跳起抱腿，使大腿紧贴胸部训练；⑦运动员坐地双脚夹实心球，做举腿或绕环训练；⑧运动员双脚夹实心球跳起，将球向前上抛或向背后上方抛训练。

（2）上肢力量训练：①运动员手持哑铃或轻杠铃片做腕屈伸，腕绕环，手上举、侧举、前平举或侧平举训练；②运动员手持哑铃或杠铃片做仰卧扩胸或俯卧扩胸训练；③运动员采用站姿或坐姿持杠铃做前推举、头后推举、肩后臂屈伸训练；④运动员从体前屈提铃到胸前或做划船动作训练；

⑤运动员做单杠正握、反握引体向上训练；⑥运动员做双杠支撑上推训练；⑦运动员做俯卧撑、击掌俯卧撑训练。

（3）下肢力量训练：①运动员做负重连续快速提踵静力训练（即提踵持续一段时间）；②运动员做负轻杠铃半蹲跳、全蹲跳、弓步前进或左右脚交替上板凳训练；③运动员做负大重量杠铃稍蹲起、半蹲起或全蹲起训练；④运动员做脚挂哑铃小腿屈伸训练；⑤运动员双手提哑铃在两板凳上做蹲起跳训练；⑥两名运动员中，一名骑在同伴肩上做负重深蹲起训练；⑦运动员在沙地上两手抱头后做连续深蹲跳训练；⑧运动员做持续站桩静力训练；⑨运动员采用坐姿或仰卧在训练器上做双脚蹬杠铃训练。

2. 专项力量素质的训练

在实际的网球运动与比赛中，网球运动员的网球技术与战术的实施都需要全身的动作进行协调。因此，综合地、协调地锻炼身体各个部分的肌肉力量非常重要。运动员只有具备强大的肌肉力量，才能在运动训练与比赛中将自己的运动技术与战术发挥到最高水平。同时，对于网球运动员而言，其专项力量素质训练应该着重训练肌肉的力量与爆发力。具体而言，能够有效增强运动员肌肉力量与爆发力的训练有哑铃训练、杠铃训练、壶铃训练、拉力器训练、挥拍训练、拉橡皮筋训练和斜板与垫上训练等。

（1）哑铃训练。哑铃训练主要用于发展运动员的上肢力量。从网球运动的实践过程中可以发现，运动员的上肢力量在网球运动中起着决定性的作用。下面是哑铃训练的常见训练方法。哑铃训练内容具体如下：

第一，哑铃屈肘旋臂训练：两脚开立稍宽于肩，双手持哑铃置于体侧，两手同时做内旋和外旋动作（两臂保持弯曲）。在训练时还可以变换训练手段，如两臂交叉做内外旋，同时还可以向体侧或体前边举边旋。这一专项训练可以增强运动员的手臂旋力。在实际的网球运动比赛中，运动员需要通过旋力来改变网球的路线，打出相应的战术。

第二，仰卧哑铃头上胸前举训练：仰卧在长条凳上，双臂弯曲与肩同宽置于头上方，双手手心相对持铃。两臂由头上反复向胸上方举起至臂伸直。

上举时双臂同时内旋，还原时双臂外旋。该训练有助于增强运动员的上臂力量，可以支撑运动员完成大力挥拍等动作，对发球技术和扣杀技术的提升大有裨益。

第三，仰卧哑铃飞鸟训练：仰卧在长条凳上，双手持铃置于体侧，双臂反复由体侧举至胸前上方。上举时可加内旋，下落时可加外旋。该训练对增强运动员上臂的内收力量有所帮助，有助于优化运动员的侧身击球动作，与手腕动作相配合就能有效加快旋球速度。

第四，俯卧哑铃飞鸟训练：俯卧于较高的长条凳上，双手相对持铃垂于凳下，两臂尽可能大幅度地外展。反复进行这样的练习，动作就像一只飞鸟一样。当手臂向外伸展时可以有意识地加入外旋训练。该训练可以增强运动员的反手力量，避免在打反手球时出现力量过弱的情况，加上腰部的力量反手球会打得更好。

第五，旋臂外举训练：两脚开立稍宽于肩，双手持哑铃手心朝下屈肘，置铃于上腹前，两臂交替做旋臂外举动作。该训练能够有效增强运动员的反手球力量，并且手臂的外旋训练与上举训练可以优化反手球的上旋，提升运动员的反手球技术水平。

使用哑铃进行训练的特点在于其重量轻，需要进行多次的训练，训练组数相对较少，速度较快。

（2）壶铃训练。采用壶铃训练方式训练时，应注意可以将壶铃训练与哑铃、杠铃训练结合起来进行训练。

第一，坐姿双臂肩上弯举训练：一手扶一固定物，俯身单臂持铃于异侧脚一处，单臂转体加提拉。该训练有助于锻炼运动员的腰背部力量、肩部力量和臂部肌肉力量，有助于臂部与腰部完成协调动作。

第二，转体抛铃训练：身体坐在椅子上或凳子上，双臂持铃于肩上弯举。注意要控制好大臂，手心朝上，小臂上下持铃运动。另可单臂做，还可双臂交换做。该训练有助于提升运动员对手腕的控制力，增强小臂的挥摆力量。

第三，弓身单手提拉壶铃训练：两脚开立，上体前屈，伸直双臂持铃置于右脚尖前。两臂用力向左上方抛甩（注意不要把壶抛出），然后还原，反复进行。该训练可以提升运动员的击球技术。

第四，壶铃体绕环训练：两脚开立，与肩同宽，两手持铃于体前，持铃臂随身体在头上环绕。该动作使背阔肌、斜方肌、背长肌和腹肌等腰部肌肉都参与活动，左右绕环交替进行。腰背部配合进行挥臂的动作是网球运动中非常重要的动作。做壶铃体绕环训练就是帮助提高这一能力。

第五，壶铃蹬跳训练：身体半蹲，两手握住壶铃，然后伸膝展体，屈足用力蹬地，使身体垂直跳起。显然，该训练可以有效提升运动员的弹跳能力。

（二）网球运动员速度素质的训练方法

1. 网球运动速度素质训练要求

很多运动项目都非常重视运动员的运动速度素质训练，具体包括动作速度、位移速度与反应速度。动作速度对运动过程中的动作力量、动作灵敏度等都有着重要的影响，对爆发力的影响尤为突出，因此，它是影响运动速度提升的重要因素。

在网球运动中，运动员需要在场地上进行短距离的移动，并且还要在移动的动作中改变网球的方向，这就对网球运动员的位移速度与反应速度提出了较高的要求。要想提升自己的运动速度，运动员就必须经历长期的、系统的训练。一般而言，网球运动速度素质训练适合在运动员精力充沛、运动欲望强烈的状态下开展，这有助于运动员形成快速的条件反射。

2. 网球运动速度素质训练内容

（1）信号反应训练：这种训练就是让运动员面对各种不同的信号做出相应的反应动作，该训练适合网球运动的初学者。

（2）选择性信号反应训练：该训练就是让运动员根据信号做出正确的反应，或者按照相反的口令做出相反的动作。

（3）反应起跳：练习者围圈面向圈内站立，圈内1人~2人，站在圆心附近手持小竹竿（竿长超过圈半径）。游戏开始，持竿者将竹竿绕过站圈人脚下画圆，竿经谁脚下即起跳，不让竿打上脚，被打即失败进圈换持竿者。

（4）摆臂：两腿并拢，上肢以短跑动作前后摆臂，肘关节弯曲90°。前摆手摆到约肩部高度，后摆手摆到臀部之后。

（5）跑步动作平衡：该训练可以让运动员的踝关节更加稳定，提升这部分肌肉群的紧张度。采用最高速度时的单腿支撑姿势，左脚用脚掌支撑，肘关节弯曲约90°。左手在肩部高度，右手作髋部高度，右腿高抬，右脚踝靠近臀部。

（6）仰卧快速斜推哑铃：该训练可以提升运动员的胸部、肩部的速度力量，同时有助于提升运动员的身体平衡能力。把瑞士球放在地面，练习者先坐在瑞士球上。向前迈步成仰卧姿势，头枕在球上，上背部支撑体重。双脚在地面上。连续快速上推哑铃。

（7）俯卧快速提转哑铃：俯卧快速提转哑铃训练可以增强运动员的肩部、臂部的速度力量，提升这一部分肌肉的爆发力。双手持哑铃，上臂外展，前臂垂直向下。提拉上臂，当上臂到达水平姿势时，前旋前臂进一步提升哑铃高度。

（8）两人拍击：两个运动员为一组，面对面站立，指令开始下达后，双方想办法拍击对方的背部，同时避免对方拍击自己。在练习时间之内，拍击对方次数更多的人获胜。

（9）抢球：准备训练道具实心球，数量要比参与训练的人数少一个，将球摆成一个圈，运动员在外围绕着球圈慢跑。下达指令后每个人要迅速抢球，没有抢到球的人被淘汰，直到最终胜出一人。

（10）下坡走：下坡走60m练习15组；蛇形走60m练习20组；标志高频走100m练习10组。

（11）前交叉步走：前交叉步走80m练习10组；间歇走200m练习10组；重复走800m练习3组，10m跑练习3组。

（12）折叠腿大步走：以短跑的身体姿势和摆臂动作大步走。摆动腿高抬并充分屈膝，脚靠近臀部，并且翘脚尖。这种训练方式可以提升运动员脚部的动作速度。练习时，当运动者的摆动腿抬至最高位置时，后蹬腿支撑脚底部肌群用力屈踝快速蹬地。

（13）跐步折叠腿大步走：与折叠腿大步走相同，但后蹬腿需加上跐步。身体腾空时摆动腿充分折叠。这是为了提升运动员快速屈髋和伸髋的能力，使踝关节保持紧张。需要注意的是，训练时运动员的脚要非常快速地落地，但要避免出声，要关注踝关节的紧张度。

（14）跐步高抬腿伸膝走：与折叠腿大步走相同，但在高抬摆动腿后需在身体前充分伸膝，同时还要加上跐步。可以提高运动员快速伸髋和大腿后部肌群的快速发力能力。

（15）单腿跳：单脚重复起跳和落地。跳起高度不要太高，起跳腿在身体腾空中前摆，大腿与地面平行。需要注意的是，运动员脚部落地时不能出现向前伸小腿的动作，应该采用主动扒地的方式快速落地。上身要始终挺直。

（三）网球运动员耐力素质的训练方法

耐力素质是指人的身体在长时间的运动工作中产生的克服疲劳的能力。疲劳状态下的运动员会出现身体机能暂时下降，工作能力减弱的情况。具体表现为运动员不能按照之前的运动强度完成训练。这时如果运动员具有较强的意志力，那么他就能继续保持一段时间的运动强度，这就进入了补偿性疲劳阶段。但有时虽然运动员在主观上非常想克服疲劳，但是身体却无法完成，这就属于补偿性失调疲劳阶段。

1. 网球运动耐力素质的类型

我们可以从不同的角度出发对网球运动耐力素质进行分类，具体如下：

（1）从运动持续时间的角度出发，耐力可以分为短时间耐力、中等时间耐力和长时间耐力。45s～2min的运动项目由短时间耐力支撑即可；2min～8min的运动项目则需要发挥中等时间耐力；8min以上的运动项目则需要长时间耐力。需要注意的是，中等时间耐力的强度要高于长时间耐力。

（2）从氧代谢的角度出发，耐力可以分为有氧耐力与无氧耐力。有氧耐力就是人体在拥有充足的氧气供应的条件下进行长时间运动的能力。无氧耐力则指人体在没有充足氧气的条件下长时间运动的能力。就耐力训练的效果而言，有氧耐力训练可以增强人体输送氧气的能力，加快身体的新陈代谢，为之后增加运动量与运动负荷打好基础。无氧耐力训练主要负责提升人体承受氧债的能力。

（3）耐力还可以分为一般耐力与专项耐力。通常情况下，一般耐力就是运动员身体的各项机能综合克服疲劳的能力。专项耐力则指运动员为了在某个专项运动中获得较好的成绩，充分激发自己的机能，长时间在专项运动中抵抗疲劳的能力。专项耐力要以一般耐力为基础。

（4）耐力还可以分为局部耐力与全身耐力。局部耐力是指人体的局部部位在长时间运动中抵抗疲劳的能力；全身耐力则指人体整个的身体机能在长时间运动中抵抗疲劳的能力。

（5）从肌肉工作性质的角度出发，耐力分为静力性耐力和动力性耐力。静力性耐力主要在举重运动中的静力预蹲、静力半蹲等动作中体现出来，体操运动中的十字支撑、慢起手倒立也需要极强的静力性耐力。动力性耐力普遍存在于各种运动项目中。

（6）耐力还可以按照组织器官系统的不同分为心血管耐力和肌肉耐力。心血管耐力是指机体在运动中循环系统保证氧气到达细胞，以支持身体的氧化能量过程和运走物质代谢废物的能力。肌肉耐力是指运动员在承受一定外部负荷或对抗一定阻力（外部阻力或人体本身阻力）的情况下，能坚持较长时间或重复较多次数的能力。

2. 网球运动耐力素质训练内容

（1）网球运动发展一般耐力素质的训练方法。具体如下：

第一，可将运动员分为4组~6组，进行30m的反复跑。

第二，运动员做3000m跑训练。

第三，运动员做越野跑训练。

第四，运动员做跳绳训练：该训练既能提升运动员的反应速度、灵活度、协调度，还有助于增强运动员的耐力素质。具体可以采用3min跳绳法，要求运动员每分钟跳够80次～100次。

第五，运动员做12min跑训练：这种训练方式指的是通过对运动员在12min内跑的距离、跑时的生理负荷的训练，来锻炼运动员的一般耐力素质。开始训练时，运动员的训练水平可能只达到一般甚至差的水平，但经过一段时间训练，所能跑的距离就能逐渐增加，如果能达到良好以上水平，那么耐力素质就明显得到了提高。此外，还要注意使运动员训练负荷保持适宜，一般心率控制在140次/min～170次/min，大约为运动员所能承受的最大强度的75%～85%。

第六，运动员做1500m变速跑训练：直道时全速跑，弯道时慢跑。

第七，运动员做跨步跳训练：在跑道上做计时或计步跨步跳，每组30次。

第八，运动员做左、右跨步跳训练：两脚开立，左腿蹬地，右腿向右跨步，然后右腿蹬地，左腿向左跨步，依次连续进行。每组两腿各跨30次。

第九，运动员做连续跳高台训练：在楼梯或看台上做双脚连续跳上高台的训练。跳楼梯时每组次数可达到40次，跳看台每组20次左右。

（2）发展专项耐力素质的训练方法。对于网球运动员而言，其专项耐力主要包括速度耐力与力量耐力。速度耐力就是运动员在长时间的运动中始终保持较快速度的能力，力量耐力就是运动员在长时间的运动中始终保持用力强度的能力。在网球专项耐力素质训练中，间歇训练法可以有效地提升网球运动员的速度耐力。该训练方法的训练时长短、训练强度大，可以让运动员在单位时间内消耗较多的能量。针对网球运动员的力量耐力训练，连续训练法会更有效果。通常情况下，连续训练法适合训练强度较小的训练模式，间歇训练法适合训练强度较大的训练模式。具体的耐力素质训练方法主要有以下种类：

第一，在专项速度训练和力量训练时适当增加训练次数。

第二，根据教练手势朝不同方向快速移动，身体重心要低。

第三，在30m处设一标志，当队员从起点开始跑到该标志时做急停转身往回跑。可多设几个同样的场地，让队员进行计时比赛。

第四，采用间歇训练法提高速度耐力，如400m×3（间歇6min），120m×3（间歇6min），30m×8、60m×8（间歇1min）等。

第五，运动员在底线附近，当听到教练的开始口令时从底线冲到网前，再从网前快速后退到底线的训练，直至疲劳力尽。

第六，超量实战训练：增加比赛局数或规定较长时间的比赛。

第七，速度耐力训练：100m跑做3组~6组；200m跑做3组；400m跑做2组。

第八，用多球训练：首先判断来球方向再进行快速移动致力竭。要重点突出即时速度。

第二节 网球运动员的心理素质训练

人的心理是客观现实与人脑相互作用的产物，是人脑反映客观现实的最高级形式。人的行为会受到心理因素的影响，这种影响在运动训练以及运动竞赛中表现得尤为明显。所以，网球运动训练除了要加强身体机能训练、技术战术训练之外，还必须重视心理训练。只有这几方面的训练相结合才能构成完整的网球运动训练体系。

心理素质包含许多方面，比如上进心、责任心、意志力、情绪稳定性、理解能力、判断能力、敏锐程度、协调性等。网球心理训练就是针对网球运动员的心理素质进行专项训练，使其具备比较良好的、稳定的心理素质，掌握自主调节心理状态的方法，从而在网球比赛场上能够发挥正常、甚至超常的网球水平，用良好的心态应对所有的训练与比赛。

一、网球运动员的心理特征

(一)情感特征

人类是一种具有情感的高级动物,情感充满了人们的生活,同时情感也非常容易受到其他各种因素的影响,从而产生变化。如果人们觉得自己的需求得到了满足,就会产生肯定性的情感,比如高兴、愉悦等;反之,如果人的需求没有被满足,就会产生否定性的情感,比如难过、痛苦等。

在体育运动中人们会产生更加强烈的情感体验,因为体育运动对心理的影响力非常大。体育赛场上的得失与成败,运动训练过程中的挫折与成就,输赢带来的痛苦与欢乐,运动生涯中的失望与憧憬,这些都是人的情感在体育运动中的强烈表现。这些情感相互交融,极大地丰富了人们的情感体验,促进着人们成长,并且有助于提升人们对情感的感知能力与调控能力。

在任何一个运动赛场上,运动员都要面对成功与失败的转换。有时运动员可以战胜对方,满足自己对胜利的渴望,但有时也会失败,因此他们的情绪变化非常强烈,经常在狂喜与沮丧的极端情绪中转换。就比赛而言,肯定性的情感有助于运动员呈现良好的状态,而否定性的情感会导致运动员陷入消极状态。过于强烈的感情有时可能会增强运动员的信心,助其获胜;但也有可能造成运动员出现肌肉痉挛、腹部疼痛等情况,错失比赛。所以,所有的运动员都应该对运动比赛中的情感变化有所了解,学会控制自己的情绪,尽可能地保持相对稳定的、积极的情感状态,让自己的情感在比赛场上发挥积极的作用,为自己的成功助力。

体育运动对情感的影响是处于变化之中的,具体来看其影响会产生短期效应与长期效应。当人们一次性跑步30min之后,其紧张、抑郁、焦虑的情绪可以得到明显的缓解;坚持长期参与体育活动能够有效改善人们的情感状态,提升人调控情绪的能力。并且参与体育活动还有助于人与人之间的沟通交流,可以促进人们产生信任、亲近等良好的心理感受,获得一种团队的归属感,有助于提升人们对环境的适应能力。

（二）智力特征

人们在推理分析、判断解决问题以及下决策的过程中所呈现的能力就是智力，也就是人们进行高级认知时需要具备的能力。智力也可以表述为一般能力，一般能力是一切特殊能力的基础；特殊能力就是人们在某个情境中、为了完成某项特殊任务需要具备的能力。

就运动员的智力水平而言，其智力主要呈现出的特征有：①运动员要想达到较高水平，就必须具备中等及以上水平的智商；②学习体育运动的学生与学习文理学科的学生在智力水平上没有显著的差异；③智力因素会对运动技能类型产生重要影响；④在运动员学习发展的不同阶段，智力对其运动水平的影响程度有所不同。

（三）意志品质特征

意志是人们为了达到自己的目标，在运动中自觉克服各种困难的心理过程，它建立在认识的基础上，是受到情感激励而生成的心理活动，是一种运动员需要具备的精神力量。意志品质主要体现在人们克服困难的过程之中，同时这些品质也是在这个过程中逐渐形成的。良好的意志品质主要包括坚韧、果断、勇敢、积极、独立等品质。运动员在运动过程中不仅要完成各种动作，消耗大量的生理能量，还要在运动过程中高度集中注意力，保持思维清晰，感受强烈的情感，这会极大地消耗他们的心理能量。因此，对运动员意志品质的培养非常有必要。

具体而言，培养运动员的意志品质需要达到两个重要条件，即"确定目标"与"克服障碍"。只有具备明确的目标，运动员才能向正确的方向前进。除了要克服一些客观上的困难之外，运动员还必须克服自己主观造成的困难。客观困难包括恶劣的气候、高难度的动作、突发情况等，主观困难包括自己的畏惧心理、疲劳状态等。不论克服怎样的困难，都需要具备强大的意志力。运动员必须积极调动自己的主观能动性，勇敢地面对困难、克服困难，只有这样才能逐渐形成坚强的意志品质。在克服困难的过程中，他们的目标会越来越清晰，运动能力与心理能力都会得到提高，进而会从整体上提升自己的运动水平。

综上所述，拥有中等及以上程度的智力水平是成为一名高水平运动员必须具备的条件，但是并不是说高水平运动员就必须具备高水平的智力。

二、网球运动员心理素质训练分类

（一）网球运动员的一般心理训练

一般心理训练就是运动员在日常训练中开展的心理训练，这种心理训练的持续时间较长，通常贯穿于网球运动的系统训练之中。一般心理训练主要肩负两个任务。

第一，培养网球运动员良好的个性。通常，良好个性特征是指运动员具有良好的动机与训练态度。因此，一般心理训练要帮助运动员建立自信心，让运动员相信努力付出就会有所回报；还要培养运动员的协作意识与团队意识，让运动员感受团队的温暖与力量；此外还要锻炼运动员的抗压能力，引导运动员及时调整由于面对比赛而产生的过度紧张的情绪等。

第二，完善网球运动员在训练与比赛中的心理品质。完善网球运动员在训练与比赛中的心理品质具体包括改善网球运动员的知觉过程，也就是提升"球感"；训练网球运动员对注意力的控制，包括注意力的稳定与合理分配；增强运动员的记忆能力、想象能力与快速反应判断能力；完善运动员自主控制情绪的能力。

（二）网球运动员的准备比赛心理训练

准备具体比赛的心理训练与一般心理训练有一定的不同，它具有更强的针对性，主要针对特定的比赛而开展。这种训练是为了让运动员能够在短期内掌握调节心理状态与紧张情绪的方法，从而用最好的状态完成比赛。具体可以分为赛前心理训练与赛中心理训练。

第一，比赛前心理训练的具体任务：①使用球运动员对比赛任务有清晰的了解，激发运动员的比赛热情，为自己树立信心；②合理调节运动员的心理状态，缓解自身紧张情绪，最好的状态是"立刻就想参加比赛"；③提升运动员对赛场的适应能力，对有可能出现的意外情况有所预期，不论发生什么都要保持心理的稳定。

第二，比赛中心理训练的具体任务：①锻炼运动员在比赛过程中的分析能力，使其能够根据具体情况进行及时调整；②比赛过程中如果心理状态不佳可以采用必要措施，保证运动员在赛中保持稳定的心理状态。

第三，心理训练的要点：①运动员要积极收集比赛的信息与对手的情报；包括比赛场地的信息、裁判的信息以及对手的能力水平、性格特点等；②运动员可以与教练一起制定比赛执行方案，选择合理的战术；③运动员要保持对比赛的热情与积极性，敢于拼搏；④在赛前进行多次模拟训练，让运动员适应比赛的紧张氛围与环境，逐渐掌握克服紧张情绪的方法，形成较强的心理素质。

尽管一般心理训练与准备具体比赛的心理训练有所差别，但是两者并不是分离的，而是相互贯穿、相互依赖的。一般心理训练是比赛心理训练的前提与基础，能够全面地、长期地锻炼运动员的心理素质；具体比赛心理训练则更具针对性，能够在短期内有效提升运动员的心理素质。这两种心理训练方式应该是相辅相成的。

三、网球运动员心理素质训练的内容

（一）网球运动员的责任感训练

责任感就是能够自觉地、主动地完成自己分内的事情，并且愿意承担相应的责任。网球运动员需要进行一定的责任感训练，这可以让运动员具有更强的抗压能力，面对艰难困苦不轻易放弃，即使失败也会继续坚持向前走。具有较强责任感的运动员通常会为了实现自己的目标不断克服各种障碍。责任感中还包含热情、坚持、努力等积极品质，能够驱动责任感形成的因素有人的自主意愿、生活态度、毅力、激情以及压力等。

1. 初始责任感的增强

网球运动员的初始责任感主要体现在六个方面：第一，网球运动员要具有一定的责任意识，能够对自己的团队负责，有团队精神。第二，网球运动员要具备一定的自信心，相信自己的能力，相信自己可以做到。如果自己曾经获得过一些较好的成绩，就要以此鼓励自己，激发自己的潜能，保持对网球运动的责任感。第三，网球运动员要不断超越自我，挑战自我，不能安于现状，停步不前，竞争、比赛可以增强运动员的责任感。第四，网球运动员不能急于求成，不能要求自己的付出立刻看到回报。体育运动除了消耗体力以外也会消耗运动员的心力，因此网球运动员要有耐心，不轻易放弃网球运动。第五，与有共同追求的人一同战斗，更有助于保持网球运动员的责任感，与身边的人相互鼓励，可以获得更多的力量。第六，网球运动员一旦列出了自己的运动计划、训练目标，就一定要采取行动，坚持到底，这才是责任感的真实体现。

2. 勇于承担相应的责任

责任感就是能够并且敢于承担自己的责任，不逃避、不退缩。具体而言，网球运动员增强自身责任感可以从三个方面进行：首先，网球运动员要对自己展开责任感自我评价，同时还要掌握影响责任感的重要因素；其次，网球运动员要对这些影响责任感的因素进行分析评价；最后，梳理总结责任感的影响因素，分析自己的不足之处，并且制定改进策略。

（二）对网球运动员的动机训练

动机就是人们进行各种活动所需要的内部动力，这种动力源自人们的心理活动。具体来说动机可以引发人们的活动，并且可以使人们持续地进行某一活动，动机可以推动人们实现自己的愿望与理想。

1. 动机的类型

（1）按动机来源分类：①内部动机。内部动机基于人的生物性需要，在内部动机的推动下，人们会积极参与社会生活，迎接挑战，进而表现自己的实力，彰显自己的价值，从中获得成就感与满足感。内部动机源自内部力量，由内而外对人的行为产生驱动力。②外部动机。外部动机基于人的社会性需要，外部动机就是人们为了规避某种伤害、惩罚或者获取某种外部奖励而形成的动机。外部动机源自外部力量，因此是从外部对人的行为产生驱动力。③内部动机与外部动机的关系。内部动机与外部动机是对立统一的关系，是相互联系、相互影响的。一般来说外部动机对内部动机的影响力较强，当然这种影响既有积极的一面，也有消极的一面，有时外部动机可以增强内部动机，有时反而会削弱内部动机。这主要取决于外部的奖惩方式，如果奖惩方式合理恰当，那么外部动机就会正向促进内部动机，但如果奖惩方式不当，那么外部动机就会对内部动机造成不良影响。

（2）按兴趣分类：①直接动机。直接动机基于人的直接兴趣，它注重的是活动过程。比如，一些运动员本身就非常喜欢自己参与的体育运动，将其看作一种积极的活动，认为自己能够在体育运动的过程中获得成就感与满足感，这种动机就是直接动机。②间接动机。间接动机基于人的间接兴趣，它注重的是活动结果。比如有些运动员实际上并不喜欢比赛，但是他们会将比赛视为获得胜利的障碍，所以他们不得不跨越这个障碍，这种动机就是间接动机。通常直接动机与间接动机会综合起来对运动员产生影响。

（3）按情感体验分类：①丰富性动机。丰富性动机是人们想要获得更加丰富的情感体验而产生的动机。在丰富性动机的驱动下，人们会渴望得到满足、期望发现一些新奇的事物、热衷于创新创造等。丰富性动机的张力往往会越来越强。②缺乏性动机。缺乏性动机就是人们为了避免受到伤害、逃避危险而产生的动机，它主要源自人们对生存安全的考虑。缺乏性动机的张力会越来越小，因为只要人的目标达到了，缺乏性动机就会变弱。

（4）按需要的性质来分类：①生物性动机。生物性动机就是人基于生物性需要而产生的动机，包括由口渴、饥饿等情况而引发的动机。②社会性动机。社会性动机就是人基于社会需要而产生的动机，比如人际交往的动机、获得成就的动机等。

2. 动机的培养与激发

（1）满足运动员的各种需求。具体如下：

第一，追求刺激和乐趣的需要。网球运动非常有趣也具有一定的挑战性，它要求运动员做到全身心地投入。虽然它具有一定的趣味性，但参与网球训练也很艰苦，倘若教练只是按部就班地、刻板地安排训练内容，就会让网球运动显得枯燥乏味，网球运动员有可能会在无聊的训练中逐渐消磨对网球运动的热情，最终削弱参与网球运动的动机。

因此，在网球运动教学过程中，教练应该做好五个方面：①设置适合运动员自身能力的训练内容，合理安排训练难度；②丰富训练方法，灵活使用训练手段；③鼓励更多的人积极参与网球运动；④在网球运动训练中赋予运动员更多的自主权；⑤因材施教，按照不同运动员的个性特点设计不同的训练任务，使每个人都能在网球运动中获得快乐。

第二，获得集体归属感的需要。每个人在社会生活中都会追求集体归属感，而在体育运动中这种集体归属感更为重要。运动员们渴望从属于一个集体，为集体争取荣誉，获得集体的认可，体现自我价值。因此，集体归属感就是运动员的主要动机之一，有时这种动机甚至超过了获得胜利的动机。基于此，教练可以借助运动员对集体归属感的追求，激励运动员坚持不懈地训练，在赛场上拼搏奋斗，为运动员设置集体的目标，引导其产生更强的成就动机。

第三，展示自我的需要。在运动员心中，实现自我价值是非常强烈的动机，这种需要必须得到满足。对于所有的运动员而言，自我价值感是他们宝贵的财富。获得自我价值感需要运动员在运动场上展现自己的能力并得到他人的认可；当然，有些运动员对自己有充足的信心，能够有自己肯定自己的能力，他们不需要通过他人的评价就能获得自我价值感。因此，要想增强网球运动员的内部动机，教练需要采取一些积极的手段，比如为他们提供更多的展现自我的机会，对他们予以足够的肯定，引导他们建立自信心等。

（2）运用强化手段培养动机。培养网球运动员良好的动机可以使用强化手段，强化就是当运动员的行为正确时，予以其一定的奖励。合理使用强化手段不仅可以优化运动员的外部动机，还可以增强其内部动机，但如果使用的方式不恰当，也会对动机的形成产生破坏作用。通常情况下，强化手段要比惩罚手段更有效果，虽然适当的惩罚是必要的，但强化可以鼓励引导运动员向正确的方向前进。

强化手段的具体实施需要注意四个方面：①对值得奖励的行为加以明确，清晰地列举出获得奖励的条件以及奖励的发放标准，还要避免过度奖励，否则会让学生产生受控感；②对于一些良好的、正确的行为表现进行不规律的强化，这样效果更好；③鼓励运动员之间进行互相强化，增强强化效果；④让学生理解实施奖励的目的，不能让学生把获得奖励视为运动目标，它只是一种辅助实现目标的外部手段，应该增强运动员的内部动机。

（3）运用依从、认同和内化三种方法培养动机。具体包括三个方面：第一，依从方法。通过依从方法培养运动员的动机，就是用一些外部的奖惩手段来促进动机的产生。这种激发动机的方法比较适用于那些不具备良好习惯的、自律意识薄弱的运动员。第二，认同方法。通过认同方法培养运动员的动机，就是借助教练与运动员之间的关系来增强运动员的动机。实际上，认同方法是依从方法的一种隐蔽的体现。认同方法要求教练与运动员保持良好的、信任的关系，让运动员充分地信任教练，进而自愿地服从教练的训练要求。虽然惩罚与消极强化也会让运动员服从教练，但是这种服从并不是自愿的，并且这种训练方式容易恶化教练与运动员之间的关系。第三，内化方法。通过内化方法培养运动员的动机，就是通过启发运动员的信念、引导运动员的价值观来促进他们形成运动动机。

上述三种方法都能够有效地培养运动员的运动动机，在具体的实施过程中还应该注意：①随着运动员的成长、成熟，内化方法的效用会逐渐增大，该方法也是培养动机最合适的方法；②在运动员开始投入训练的初级阶段，使用依从方法更加适宜；③每个运动员产生动机的归因都有所不同，因此培养其运动动机的方法也应该灵活变换；④有些运动员可能对依从方法、内化方法都不能很好地接受适应，面对这种情况，教练可以深入了解其目标，有针对性地培养他们的运动动机。

（4）自我调整以引发动机。如果赋予人们掌控自己生活的权力，就能有效增强动机，并且能够极大地提升人们的责任感与自我价值感，这为网球运动员的动机培养提供了另一个思路。通常而言，网球运动员参与的训练任务都是由教练制定的，相关的训练要求与训练计划也是从教练的视角出发制定的。但是实际上，最了解自己能力的人还是运动员自己。如果运动员学会了合理、科学地制定训练计划，那么他们所制定的计划肯定更加适合自己。因此，教练可以根据实际情况，在一定范围内下放一些权力，交由运动员自己掌控，以此增强他们的责任感，提升他们的自律自觉意识，锻炼其自主决策能力。这不仅能够有效增强运动员的内部动机，还能从整体上提升其网球运动水平。

在下放自主权的过程中还应注意：第一，并不是所有的运动员都适合使用自主权，教练要根据运动员的特点及其实际能力，有针对性地、选择性地下放权力；第二，教练要学会从运动员的角度出发想问题，充分考虑运动员的感受，要具备移情心；第三，权力下放只是开始，并不是结束，教练应该耐心地引导学生合理地使用自己的权力，使其做出正确的决策，当然也不能过分介入，否则权力下放就没有了意义。

（5）变换训练方法以引起动机。适当地转换训练环境或者变换训练方法也可以间接地激发运动员的运动动机。这里所说的环境既包含物质环境，也包含心理环境。物质环境的转换主要体现在更换训练场地、更新训练设备等方面，心理环境的变换则可以采取重新分组、取消消极评价等方法。同时，合理地、适当地变换训练方法也可以带给运动员一些新鲜感，增加训练的乐趣，为运动员带来新的刺激，从而有效增强运动员的内部动机。

（三）网球运动员的情绪控制训练

人们面对客观事物会产生一定的态度体验并由此引发一系列的行为反应，这就是情绪，它的构成因素包括主观体验、外部表现以及生理唤醒。在一般情况下，情绪往往与焦虑、压力等联系在一起。

1. 情绪控制的意义

任何一种体育运动比赛都不只是体力、技术的比拼，它还是运动员之间的心理素质的博弈。赛场上运动员的情绪会对运动员的水平发挥产生重要的影响。比如，当运动员处于一种非常兴奋、激动的情绪状态中，就有可能进入一种"理想的竞技状态"，在这种状态下他甚至可能超常发挥。作为网球运动员，在赛场上具备保持"理想竞技状态"的能力至关重要。一旦具有了这种能力，那么即使他身处逆境，也同样有希望获得最终的胜利。不过需要注意的是，每个人的"理想竞技状态"都是不同的，不能用一种状态去定义所有的运动员。教练的职责就是帮助运动员找到属于自己的最佳状态。

2. 控制情绪的方法

运动员有必要了解自己的兴奋状态与焦虑状态，然后在此基础上学会控制情绪。具体来说，控制情绪可以从生理和心理两个方面进行：①在生理方面，运动员可以通过一些动作来缓解不良情绪，比如在比赛间隙用前脚掌上下跳动，保持身体的灵活度；加快呼吸频率，缓解紧张情绪等。②在心理方面，运动员可以进行积极的自我暗示，对自己大声喊"加油"；尽量使用能够鼓舞情绪的词；把比赛视为挑战，避免产生过大的压力；听一些激昂的、快节奏的音乐，给自己一些心理鼓励等。

第三节 网球运动员的运动知觉与技能

运动知觉由运动员大脑对外界物体运动和机体自身运动的综合反映构成。运动知觉是一种复杂的知觉，它是由许多感觉元素组成的，如视觉、动觉和平衡觉。当运动员完成某种运动知觉时，每种运动感觉是否准确都会影响知觉的清晰度和完善性，进而影响运动完成的质量。在网球运动中，速度知觉较为重要，它是时间和空间知觉相互作用的结果。

一、运动知觉对网球运动员上手发球技能的影响

在网球比赛中，发球技术的好坏决定着网球运动员在自身发球局中是

否占据主导地位。而发球技术又需要根据运动员自身的技术特点,完全由自己的判断和动作来完成。良好的发球技术可以直接在比赛中取得制胜分数。一个完成的发球动作可以分成四个部分:抛球引拍、"搔背"动作、挥拍击球、随挥。由知觉心理学理论分析得出,网球运动员在抛球引拍前和抛球阶段需要依靠双眼深度知觉地为自身提供球网与发球区之间距离信息以及运动员头部与网球之间距离的信息。

在对深度知觉与网球运动员上手发球落点准确性的数据进行对比分析后发现:网球运动员深度知觉指标越小,其上手发球落点准确性越高,说明网球运动员对空间距离判断上能力较好,能够对场地大小及位置的判断做出更精确的判断。由运动生理学理论分析得知,网球运动员在"搔背"动作和挥拍击球阶段需要运动员本体感受器对球和自身肌肉具有较高的控制能力。在对球感和握力与网球运动员上手发球落点准确性的分析中发现:球感测试得分越高、握力测试指标与自身标准值越接近且为正值时,网球运动员上手发球准确性越高。说明网球运动员在"搔背"动作阶段可以准确快速调动自身本体感受器,在挥拍击球阶段对网球有较高的控制能力,从而打出高质量的上手发球。

通过上述的相关分析,可以确定深度知觉、专门化知觉以及握力是提高网球运动员上手发球落点准确性的因素,同样三者存在着相互促进的关系。

二、运动知觉对网球运动员接发球技能的影响

在网球比赛中网球运动员在自身的接球局时,需要具有良好的接发球技术来破掉对手的发球,从而在接球局中占据主导地位。一个高质量的接发球动作要同时具备准确的站位、正确的准备姿势和正确的击球方法这三个要素。根据知觉心理学的分析,网球运动员的接发球预判能力受到自身速度知觉能力的影响。通过对网球运动员速度知觉与网球运动员接发球成功数的数据进行对比分析得知:网球运动员速度知觉指标越趋近于标准值,其接发球成功数越高。同时发现网球运动员速度知觉指标中趋近于标准值的大部分为

正值，说明其判断过程中对速度的判断过快，在技能测试中可以提前到达击球位置，有更多的时间进行击球动作的完成。

另外，网球运动员无论使用何种接发球击球技术都需要运动员自身快速调动本体感受器和对网球具有较高的控制能力，从而完成击球动作。通过对球感和握力与网球运动员接发球成功数的数据进行对比分析，可以得出球感测试得分越高、握力测试指标与自身标准值越接近且为正值时，网球运动员接发球成功数越高。说明网球运动员在使用接发球击球技术时可以快速调动自身本体感受和对网球具有较高的控制能力，从而打出高质量的回击球。

通过上述的相关分析，可以确定速度知觉、专门化知觉以及握力是提高网球运动员接发球成功数的因素，三者之间存在相互促进的关系。

三、运动知觉对网球运动员正反手击球技能的影响

无论是在日常训练中还是在比赛中一次高质量的击球，都可以使对手造成回击失误，同时达到自身的预想效果，使运动员自身占据主导地位。网球正反手击球动作由准备阶段、转体引拍、挥拍击球和随挥四个部分构成。通过知觉心理学理论分析得出，网球运动员正反手击球动作在准备阶段和转体引拍阶段受到速度知觉能力的影响。

通过对速度知觉与网球运动员正反手击球落点准确性的数据进行对比分析，可以确定网球运动员速度知觉指标越趋近于标准值，其正反手落点准确性得分越高。

从运动生理理论角度可以得出，网球运动员击球瞬间受到对网球的控制能力的影响。通过对以球感为测试指标的专门化知觉与网球运动员正反手击球落点准确性的分析，可以确定球感测试指标越高，网球运动员正反手击球落点得分越高。这表明，网球运动员在击球时需要具有更高的控制网球的能力，从而达到运动员所期望的击球效果。在网球运动员的日常训练中，大部分的正反手击球动作都是在运动中完成的，这就需要运动员对网球有更好的控制能力，而专门化知觉的形成是以高度发展的动觉为基础的。

从运动生理学理论角度看，网球运动员正反手击球动作在转体引拍和挥拍击球阶段还受到肌肉控制能力的影响。通过对握力与网球运动员正反手击球落点准确性分析，得出握力测试指标与自身标准值越接近且为正值时，网球运动员的正手击球得分越高。说明网球运动员对自身肌肉控制能力越好，其本体感受器机能越好，自身能够产生清晰的肌肉感觉，进而帮助学生各项运动技能的完成。由于运动技能的产生需要视觉、位觉以及本体感受器共同互动完成，肌肉活动产生的本体感觉容易被忽视，运动员需要经过长时间的训练才能够在的动作过程中明显且精确体会到肌肉的控制能力。

通过上述的相关分析，可以确定速度知觉、专门化知觉以及握力是提高网球运动员正反手击球落点准确性的因素，三者之间存在相互促进的关系。

第四节　网球运动员的现代培养模式创新

一、网球运动员的主要培养模式

（一）专业队培养

就当前形势而言，我国网球运动员的培养模式依然受到传统模式的束缚，专业队培养模式属于"举国体制"的范畴。此模式在"举国体制"中扮演着十分重要的角色，发挥着至关重要的作用：一方面，为国家队培养优秀的网球运动员，另一方面，不断引进可培养的网球爱好者。我国之所以会选择专业队培养模式，这与我国的社会性质息息相关，在社会主义体制的影响下，此培养模式更有利于网球人才的培养。专业队培养为学生提供了良好的训练环境，基础设施相对完善，教练的专业水平高，通过科学、有规律地训练，学生的能力能够得以快速提升。当然，专业队培养也存在一定的问题，这种培养模式具有很强的局限性，运动员并不能享有相同的待遇，但"举国体制"又绽放着无限光芒，众多运动员在专业队模式的训练下，都取得了不错的成绩，使运动员不仅能够具备扎实的基本功，还具有较强的专业素养。

（二）网球学校培养

网球运动员也可以选择网球学校进行训练，网球学校会对学生进行科学文化教育方面的培养。有一部分体坛风云人物都毕业于网球学校，此类学校与其他普通高校不同的是，网球学校更注重学生网球技能的培养，但在培养网球技能的同时，也会对学生进行文化教育。网球学校逐步成为一些网球爱好者的不二选择，作为我国的新兴事物，其社会影响力以及业界认可度并不亚于众多网球俱乐部。相比于专业队培养，网球学校对学生的教育更加全面，训练环境也更加稳定，不仅能够提高运动员的竞赛水平，还能够提升学生的综合素养，能够让学生在科学、高效的训练下，发挥自己的无限潜能。但网球学校面临的一大问题是运动员的日常比赛得不到保证，由于受资金、场地的限制，运动员外出比赛的频率就会大大降低，因此竞赛水平也会受到影响。总而言之，每一事物都具有两面性，不同的培养模式均存在不同的优势和问题。

（三）个人培养

个人培养模式目前主要是家庭培养，其最大优势是因材施教，保证运动员的训练时间与训练效果，充分发挥运动员的潜能。在我国，主要采用个人培养模式的网球运动员较少，个人培养模式需要聘请一些高水平教练，组建个人训练团队，且需要自负盈亏，高水平的网球运动员以征战世界职业网坛为目标，形成一支人员精干、组织紧密、功能多元、效率奇高的微型训练团队。

个人培养模式具有的特点包括：①个人投入资金风险较大，如果运动员长期无法在比赛中取得优异成绩，对家庭经济可能造成一定的负担；②家庭培养意味着运动员很难享有专业的文化教育，将不利于运动员的成长；③由于目前我国没有完善的教练员准入制度，普通家长难以甄别优秀的教练员。

二、网球运动员培养模式的创新

（一）训练模式与方法的优化

生理学原理是网球运动员制定训练计划的基础，而运动员的年龄则是制定训练内容的基础，一定要以大学生运动员的身体状况为出发点进行训练，否则就容易对身体造成损伤。在体重迅速增长的时候，大学生的主要任务就是增粗肌纤维，于是就可以将肌肉力量的训练加入其训练中。教练员在制定训练计划时要按照大学生在各个时期所展现出的生理特点和心理特点来进行。

动作教学是传统训练的主要内容，准确的动作是训练的重点。运动员也因此都有着良好的基本功，但是这样的训练却没有乐趣，十分枯燥。因此，趣味性训练方法应该安排在大学生网球训练的计划中。例如，"Play & Stay"中这个由国际网球联合会提出的"10步教学法"计划，为了让训练的难度不再那么高，采取的措施不仅有将场地尺寸缩小，还有将球速降低等。对于初学者来说首先要做的就是学习网球规则，并进行对打，从而感受到网球比赛所蕴含的乐趣，让初学者通过这种教学方法学习到各种各样的网球知识，在短时间内就对网球运动充满兴趣。但此方法的不足之处就在于不能很好地规范运动员的动作，影响其之后的发展。在大学生网球训练的过程中应该结合这两种不同的方式，用"10步教学法"配合传统教学方法，使网球运动对青年运动员有越来越大的吸引力。此外，可以让运动员通过这种方法产生新的生理刺激，但这要以合理的训练强度为前提，从而让运动员进一步理解动作技术。

（二）教练员综合素质的提升

我国要想有更好的网球竞技水平就必须不断提升教练员的综合素质。网球教练员在提高自身专业技能的同时，要对各种网球技战术知识进行学习和掌握，还要从思想上重视起来，承担起自己的责任，充满奉献精神，这样才能成为一名优秀的网球教练员。网球训练不能过于讲求速度和强度，训练内容要从大学生的生理和心理特点出发，做到科学且合理。从团队建设的角度看，教练员要和科研团队进行良好的沟通与合作，一起帮助大学生运动员获得更好的成长。对教练员的培养也是不能忽视的，为了让教练员的水平逐渐向国际优秀网球教练员靠拢，可以采用"请进来，走出去"的培养方式。

第四章 基于信息技术的网球课堂教学创新

第一节 网球的翻转课堂教学创新

一、翻转课堂的背景与特征

翻转课堂指的是由教师创制教学视频供学生在课前观看,在课堂上通过师生的面对面交流从而让知识得到传播的一个过程。在传统的课堂教学模式下,教师一般是在课堂上授课,布置一些作业让学生课后完成。与传统的模式不同,翻转课堂下的学习则将课堂变成了教师与学生以及学生与学生互动的场所,知识的获取是通过课后看视频获得的。这样就可以让学生有足够的时间去内化课堂知识,通过课堂的讨论,学生也会对这个知识点有更加深入的认知。

(一)翻转课堂的产生背景

1. 信息技术发展的时代背景

随着社会的进步,人类的科技更为发达,空间技术、电子计算机技术以及原子能技术等的发展促使人类的生产与管理活动更加先进。第三次科技革命的发展使得信息技术获得了飞速发展,并且对社会产生了极为深远的影响。第四次科技革命以系统科学的兴起到系统生物科学的形成为标志,系统科学、计算机科学、纳米科学与生命科学的理论与技术整合,形成系统生物科学与技术体系,包括系统生物学与合成生物学、系统遗传学与系统生物工程、系统医学与系统生物技术等学科体系，导致的是转化为医学、生物工业的产业革命。第五次科技革命主要是电子和信息技术普及应用。而随着互联网技术的普及和移动互联网的发展，全球处于半个世纪以来的又一次重大技术周期之中。第六次科技革命，从科学角度看，是一次"新生物学革命"；从技术角度，是一次"创生和再生革命"；从产业角度看，是一次"仿生和再生革命"；从文明角度看，可能是一次"再生和永生革命"。

总之，当前新技术的发展，给各行各业带来了新的发展机遇。教育领域应该重新审视教育的模式以及方法，并应该将新技术运用到教学中，让教学发挥出更大的实效性。处于信息化的潮流中，教育的目标之一必然包含着让人们拥有获取信息、分析信息、处理信息的能力。

我国对信息技术的关注也越来越多，并明确了信息技术对于教育发展的重要影响，确定了在不同的教育方面以及环节，信息技术都会对其产生颠覆性的影响。当前的信息技术不仅仅改变了学生们学习的习惯，也将会逐步改变学校教育的模式。所以，当前的学校也应该及时转变教育理念，积极探索信息革命下教育变革的方法与方向。

2. 亟须变革的教育现实

在网络技术发展的背景下，人类社会显然已经步入信息化时代，人们不仅仅需要具备专业技能，还应该拥有一定的信息化能力。比如应该掌握各种信息技术，并且能学会处理各种突发状况；应该拥有自己独特的想法，而不是随波逐流；应该积极学习新的事物，而不是故步自封等。所以，当前教育的目标与以往相比显得更为丰富了，也更加重视个人的成长。但是，在传统的班级授课模式下，达成这些目标并不容易，所以，我们应该在审视当前教育教学现状的基础上逐步摸索出教学的新思路。

3. 求知创新的社会需求

社会的生活节奏还是很快的，并且对每个个体都提出了更高的要求，在新的时代，人们要快节奏地学习各种新鲜的事物，并且也需要做一个积极的求知者。因为不论是谁要想不被社会淘汰都应该保持随时学习的能力，这样才能适应瞬息万变的社会发展，去应对未来的不确定性。

人们需要紧跟时代的步伐，在新的社会背景下重新审视自己的工作与生活。当前，社会所需要的不仅仅是具有知识与技能的人才，还对人才的学习能力、发展潜力以及创新能力等提出了更高的要求。这就促使教师重新审视教育问题，研究怎样去培养学生，才能让学生获得更好的发展。

4. 学生学习的差异化需求

不同的学生个体之间都是独特的，并且都存在着差异，这些差异主要表现在以下方面：

（1）认知差异。认知方式又被称为认知风格，指的是学生在组织以及加工信息的过程中所表现出来的个体差异，其实质是个体在感知、思维、记忆等认知过程中所表现出来的不同的态度与方式。例如有的学生喜欢在安静的环境中去学习，但是对于有些学生而言，嘈杂的环境也并不影响他们的学习进度；有些学生拥有极强的逻辑思维能力，但是有些学生却擅长形象思维。由此可见，学生的认知风格是各有差异的。

（2）学习风格差异。学习风格指的是不同的学生在学习过程中喜欢并且习惯了的学习方式，代表的是不同学习者学习策略以及倾向的总和。学习风格并没有好与坏的区分，和智力也没有过多的关系。对于不同学习风格的学生，他们对知识点的掌握也是有差异的。在传统的课堂上，有的学生并没有足够的时间去吸收课上的知识。但是知识的内化显然是需要一段时间的，如果给那些学得慢的学生足够的时间去消化所学的知识，他们或许会拥有更加牢固和长久的记忆，所以，传统的教学方式显然忽略了学生学习风格的差异。

（3）学习动机差异。学习动机也属于一种非智力影响因素，包含学习的兴趣、学习的意志力等，能够起到维持和激发学生学习的作用。学习动机并不会对学生的认知过程有直接的影响，但是会间接地增强学生的学习效果。比如，有些学生拥有较强的学习意志力，能够在一段较长的时间内保持良好的学习状态。所以，在教学的过程中，教师应该关注不同学生学习的非智力因素，根据学生的差异，制定出不同的学习目标，让学生获得个性化的支持与指导。

(二) 翻转课堂的特征

作为一种新型的教学模式，翻转课堂实现了对传统教学结构的重构，与传统的课堂相比，其具有以下特征：

1. 颠倒传统教学的过程

与传统课堂相比，翻转课堂最大的特征是颠覆了传统的教学过程。在过去，教师是在课堂上讲解各知识点的，学生则选择在课下完成教师布置的作业，显然，知识的传授是在课堂上进行的，知识的内化环节是在课后完成的。

但是在翻转课堂模式下，学生会在课前提前观看教师发布的教学视频，从而完成知识的学习，显然知识的内化过程是放在课前完成的；在课堂上，学生就会就一些不明白的问题请教教师，教师就会给出有针对性的指导。除此之外，学生还可以通过小组讨论的方式实现对知识的内化，从而达到学以致用的目标；在课后，学生就会借助各种教学资料实现对所学知识的巩固与深化。显然，翻转课堂已经颠覆了传统的教学过程。

2. 重新分配课堂的时间

在翻转课堂模式下，教师所占用的课堂时间少了，学生拥有了更多的学习活动时间。在传统教学模式下，教师占据了大部分的课堂时间用来讲授各知识点，学生处于的是完全被动的学习状态。但是，在翻转课堂中，课堂上的大部分时间留给了学生，他们可以通过相互讨论加深对知识的理解，也可以获得教师更加具有针对性的指导。

传统课堂上讲授的知识被转移到了课下，但是却没有减少学生学习的知识量，并且还增加了不同学生之间的交流，这一转变显然可以提高学生对知识的理解。除此之外，教师在评价学生的时候，也会将课堂中的互动考虑在内。根据教师的评价，学生可以及时了解自己的学习情况，更好地掌握相关知识，在翻转课堂模式下，需要教师重新分配课堂时间从而实现课堂时间的高效利用。

3. 创新知识传授的方式

在翻转课堂中，教学视频是组成课堂的最重要的部分，教师应该提前准备好各种教学视频以供学生学习。对于教学视频的讲授而言，所针对的往往是某一个特定的主题，所用的时间比较短，大多数会维持在10min以内。在观看视频的时候，学生可以随时按下暂停键，也可以选择重播，这样，学生就可以根据自己的进度控制学习进程。在课前观看视频，学生的学习氛围会更加轻松，不需要像在课堂上那样紧张，也不必担心会遗漏各种知识点。以视频呈现为主的讲授方式还有利于学生课后对知识的巩固。

4. 转变师生的角色

在教学的过程中，教师与学生的角色已经发生了变化，此时学生已经成了学习的中心。在学生需要指导的时候，教师应该给他们提供必要的支持。显然，教师成了学生获取资源、处理信息的帮手。这就意味着在当前的教学模式下，教师已经不再是课堂的中心，其已经变成了教学的积极支持者。并且教师也需要提高自身的能力从而应对教学环境的转变，比如教师应该学会制作视频资源，学会更好地管理课堂等。在完成某一个单元之后，教师需要检测学生知识的完成情况，学生也能对自己的知识储备有一个大致的把握。

在传统课堂中，学生一直处于听讲—记笔记的状态，而在翻转课堂模式下，学生摆脱了传统教学模式下被动接受知识的角色，成了知识意义的主动建构者。他们完全可以根据自己的步调选择学习的进度，对于难以理解的地方可以通过反复观看视频直到自己弄懂为止。在课堂上，学生也可以参与课堂教学中，与教师以及同学一同完成某一任务，显然学生的角色变为了知识的主动探究者。

二、网球翻转课堂教学的创新过程

（一）开展课前活动

第一，教师自主创作课前教学视频。教师要在课前准备视频资源，一种方法是搜集网站上的优秀视频资源，这样可以节省大量的人力以及物力，但是搜到的那些教学视频可能会存在与我们的教学目标不一致的情况；另外一种就是由教师自主创作视频。

第二，教师制作与视频相关的练习题。教师可以根据自己的教学进度以及教学目标等制作练习册，这样可以让学生对知识有更加牢固的掌握。在设计练习册的时候，要注意把握练习题的数量以及难度，不能不难也不能太难，这样可以更好地激发学生的求知欲。

第三，学生课前观看教学视频。在观看视频的时候，学生可以根据自己的情况控制观看时长以及观看次数；学生在观看的时候可以选择固定的时段，这样利于他们提高学习效率，从而养成更好的学习习惯。除此之外，学生在学习的时候可以随时记录一些问题，并且力求在反复观看视频后解决这些问题。

第四，学生课前完成练习题。在观看完视频之后，学生要完成教师布置的练习题，从而达到巩固教学效果的目的，同时也可以通过练习巩固自己的所学知识，对于那些解决不了的问题，就可以留到课堂上请教教师。

第五，利用在线平台等社交媒体交流。在翻转课堂中，师生之间的交流以及学生之间的交流都是非常重要的，学生可以通过在线的平台实现互相交流，通过分享各自的学习心得，在大家的相互讨论中解决那些自己无法解决的问题。

（二）进行课堂活动组织策划

知识的获取指的是在一定的情景下通过人际协作从而实现意义建构的过程。对于教师来说应该以建构主义为理论基础安排课堂上活动的细节，逐步调动起学生学习的积极性，让他们能够实现知识的内化。

三、网球翻转课堂教学的创新策略

（一）网球翻转课堂教学中学的策略

1. 学生课前观看网球教学视频

网球翻转课堂不同于传统教学课堂，它主要通过教学视频的方式来完成教师传授学生知识的过程。同时，这个过程是学生课前完成的。另外，学生课前通过教学视频来学习一些原理性、事实性的知识，从而对教学内容有一个大致的了解和学习。

学生在课前观看网球教学视频的过程实际上是一个自我调控的过程。翻转课堂涉及的教学视频并没有很长，时长一般控制在7min～10min。在这么短的时间内需要完成基础理论知识的学习，没有策略和方法是不行的。因此，学生课前观看教学视频也需要掌握一定的策略和方法，具体要求如下：

（1）学生必须具有一定的自制力和控制力，这是顺利观看教学视频的基础和前提。因此，学生在观看教学视频时应该选择一个相对比较安静的环境，从而保障没有外界的干扰，以便于自身能够全神贯注地投入视频观看中。

（2）结合自己的学习情况有选择地对视频进行回看。同一个教学视频，不同的学生观看就会遇到不同的问题。同时，部分学生会在很短的时间内完成教学视频的观看，这样不仅捕捉不到教学视频中的核心知识，还不利于学生下一步的讨论与学习，更不利于提高自己独立探究能力。因此，在观看视频时，学生应该对自己负责，并根据自己的实际情况进行视频的观看与学习，必要时可以回看视频，从而真正掌握视频中的理论知识。

（3）在观看网球教学视频的过程中，学生应该认真做好笔记。笔记的内容可以是自己感兴趣的知识或者比较疑惑的问题，也可以是一些具有探究性的深入问题，这一步在课前观看视频中起着十分重要的作用。如果学生只是为了观看视频而观看视频，缺乏与脑中已有知识的融合，同时在观看过程中也缺乏思考，这样的学习是没有任何意义的。

综上所述，学生在课前观看视频是需要掌握一定的策略和方法的，只有这样他们才能进行快速而有效的学习。

2. 学生进行独立探究

独立探究策略凸显了学习的独立性、自主性、开放性，同时也凸显了教学的实践性。学生在课前观看视频时采用独立探究策略是非常重要的，这种探究策略也可以运用到实际的教学中，从而凸显学生的主体性。

随着经济全球化的不断发展，社会对探究型、创新型人才的需求更加强烈。因此在实际的网球教学中，教师应该多培养学生的独立探究意识，提高学生的独立探究能力，进而培养和提高学生的创新能力。而网球翻转课堂是适应当今时代的一种新型教学模式。在网球翻转课堂教学模式中，学生可以积极主动地参与到教学活动中，并进行独立探究的学习。同时，翻转课堂教学打破了传统的"教师传授—学生被动接受"的模式，它注重学生知识的获取过程。在翻转课堂中，教师也不再是教学的主导和中心，学生的主体性地位得以彰显。同时，在知识获取的过程中，学生以主动性和自主学习代替了教师的传授知识的学习。另外，学生在独立探究过程中，遇到一些问题和困难是难免的，这时教师更应该发挥自身的引导作用，从而帮助学生理解和学习。更为重要的是，学生在独立探究过程中，能够体验到学习的乐趣，从而充满独立探究的热情。

（二）网球翻转课堂教学中教的策略

1. 教师制作网球教学视频

网球翻转课堂是否能够顺利实施，教学视频起着关键的作用。优秀教学视频的制作离不开优秀的教师。因此，教师在制作教学视频时，应该保障教学视频的可行性和高质量。关于如何制作高质量的优秀教学视频，这就需要：教师在制作视频时可以结合自己已有的知识独立制作，也可以采用或参考网络上的一些高质量教学视频。

教师录制视频是需要很多的辅助工具，其中截屏程序是必不可少的。截屏程序的作用主要是在教师录制完教学视频后，截取掉一些不需要的视频内容，从而完成对教学视频的修改和完善。同时，在录制视频的过程中，教师也可以借助网络摄像头来完成重点内容的录制。另外，教师为了突出重点和难点，需要在白板上进行作图时，可以借助数字笔通过注释的方式来完成。

综上所述，教师制作教学视频的质量直接关乎着教学效果的实现，因此，要想制作出高质量的视频，教师必须注意以下方面：

第一，从视频的时间上入手，保证视频的短小，确保视频时间控制在10min以内，具体的视频时间可以根据学生的实际情况来确定。

第二，保证声音有力、节奏适中、语气恰当、语言顺畅。只有这样才能激发学生学习的兴趣，进而吸引学生观看教学视频。另外，教师在录制视频时，可以根据情节需要，变换自己的语调、语气等。

第三，确保视频中语言的幽默性。教师可以根据实际需要适当增加一些幽默性的语言，这样能够调动学生学习的积极性。

2. 教师教学生观看网球教学视频

教师制作高质量的教学视频是教学成功的关键，因而教师教学生观看视频是教学成功的基础。要想保证翻转课堂在网球课堂中实施的顺利性和效果的成效性，教师必须教会学生观看教学视频的策略。教师可以首先让学生意识到观看视频的重要性；其次，鼓励学生独立观看教学视频；最后，通过一些具体的策略来引导学生观看教学视频。下面对学生如何观看教学视频做进一步分析：

第一，清除不利于学生观看教学视频的一切因素。例如，通常情况下，学生在观看视频时习惯性地将其他无关网页打开，这时教师应该将这些不利因素及时清除。另外，在刚开始实施翻转课堂教学模式时，教师应该集体训练和传授学生如何观看教学视频，并对教学视频的控制进行讲解，如教给学生如何使用暂停键和倒行键等。同时，教师应该引导学生悟出观看教学视频的真谛和价值，从而激发学生观看教学视频的兴趣。总之，教师应该提高学生对视频的控制能力。

第二，教会学生观看视频中如何做好笔记。教师应该让学生知道，学生在观看视频时应该掌握做笔记的技巧，学生可以记录重难点，可以记录知识点，做好归纳和总结。

第三，鼓励学生寻找问题并提出问题。这样有利于了解学生完成任务的情况，培养学生独立探究和学习的能力。

3. 教师进行网球课堂教学

实施翻转课堂教学模式最重要的一步就是教师进行网球课堂教学的策略。教师应该组织好教学活动，通过教学策略的实施来促进学生完成学习任务，最终完成知识的建构。

在翻转课堂教学中，教师可以根据学生的实际情况以及教学内容采用不同的教学策略。例如，提问策略、实践性策略、合作讨论策略、共享策略等，从而保证翻转课堂的顺利实施。

总之，翻转课堂打破了传统的教学模式，注重学生的主体性，提高了学生自主学习和独立探究的能力。同时，在这一过程中，教师不再是权威者和主导者，而是教学活动的引导者和组织者。如何高效地利用课堂时间，如何有效地实施翻转课堂，需要教师有稳固的知识、丰富的教学经验以及超强的管理能力。

第二节　网球的移动课堂教学创新

一、移动课堂的背景与内容

认识移动课堂教学，可以从三个方面进行把握：首先，移动课堂学习是一种新事物，需要与传统基于固定教室的学习相区别，它没有时间与空间的限制，学习者随时随地都可以学习；其次，移动课堂学习具有数字化学习的一般性特征，除此之外，其还具有自身独特的特点，不仅学习地点是可以移动的，连教师与学生也都是可以移动的；最后，移动课堂学习的实现需要一定的信息技术做支撑，其中，终端与互联网技术让学习设备越来越小型化，让学生的学习越来越方便。

需要强调的是，在移动课堂教学中，应该确定移动课堂学习设备具备的功能，主要包括：①移动性，即使用户处于移动状态中，移动学习设备也能使用，学生也能获取知识；②无线性，只要有网络、设备就能实现无线连接；③便携性：设备一般体型较小，也不重，因而携带方便。

（一）移动课堂的产生背景

1. 信息技术

随着新技术的高速进步与发展，教育普及程度也越来越高，这些都要求我们要对当前的教育制度和模式进行重新的认识，认真思考怎样才能将现代技术更好地应用在教育教学过程中。在当前这个信息社会，对信息有更好地获取、加工以及分析等处理能力，同时有良好的信息素养就是其中的一个教育目标。

教育会因为有信息技术而产生翻天覆地的变化，学校的教学模式以及我们惯用的学习方式都会因它而发生改变。因此，我们必须改变以往的教育观念，利用现代化的教育技术，从各个角度出发去探索怎样才能在信息革命下完成对教育的变革，以及怎样将现代信息技术更好地应用在教育中并为其带来发展。

2. 教育变革

在工业革命之前，教育主要以学徒制为主。实际的工作场所就是学徒制的教学场地，其特点不仅在于代际间的口传手授，还有现场以及个别化教学，师傅会引导徒弟进行学习和操作。通过学徒制培养的人才一般都具备非常好的技术水平。

随着工业革命的发展，工厂有了越来越大的规模，这时所需的劳动力就要同时具备知识和技能。即教育在资本主义的要求下不仅要扩大规模，还要增加普及率，同时保证教学质量，以培养出大批符合要求的劳动者。但传统的学徒制是无法做到的，于是一种新的教学组织形式就诞生了，这就是班级授课制。

班级授课制指的是教师会根据相应的课时表来教授以班级为单位的学生，授课内容都是统一的。《大教学论》的作者是夸美纽斯，这是一位来自捷克的著名教育家，他第一次从理论上证明了班级授课制的合理性，并对其进行了确定。之后德国教育家赫尔巴特深入说明了这一理论，从而使其愈发完善。

从班级授课制具备的特征就能够看出其为什么可以满足工业革命的需求，其从出现到现在依然有着不可忽视的作用。具体表现在：第一，学生能够在班级授课制下快速地学习更多的知识；第二，教师的教学方式是"以一对多"，可以在同一时间完成对集体学生的授课，教学效率得到了很大提升；第三，班级授课制可以对学生实施统一的管理，按照教学进度来教授统一的内容，提高了教学管理的效率。因此，班级授课制不仅能够大批量地培养人才，还保证更加地高效。

计算机的不断发展让网络信息技术有了越来越广泛的应用范围。这意味着我们除了要掌握相应的知识和技能，还要实现更高要求的发展。例如，能够冷静地处理突发事件，具备相应的信息技术，有自己的独特想法，积极主动地进行学习，勇于发现未知等。但班级授课制远远达不到这个要求。

不少新型理念都随着信息技术的不断发展而出现，这对人们的传统思维是一种很大的冲击，意味着人们要做出相应的改变。当今社会主要有两种学习方式：一是每个人都要进行终身学习，二是每个人都要积极地进行自主学习，紧跟时代的脚步，实现自身的不断发展，进而保证生活的多姿多彩，同时获得自我价值的实现。

总的来说，一方面，传统教学本身就有很多不足之处；另一方面，当下最流行的则是终身学习和自主学习。所以教育在现阶段正是转折的关键时期，一定要审时度势地进行变革。

（二）移动课堂的主要内容

基于移动互联网而产生的泛在学习与传统教学之间虽有差异，但从本质上看，两者是可以相互促进的。泛在学习为学生营造了高效的学习环境，不需要第三方的管理与监督，学生可以自主选择自己想要学习的内容，而传统教学注重通过完善的组织体系培养人才，目的是让学生形成全面的知识体系，重在强调学生对知识的掌握。将泛在学习引入到传统教学中的优点是，一方面，泛在学习可以为传统教学提供多样的教学手段；另一方面，传统教学可以为泛在学习提供丰富的资源。

移动课堂教学理念对教育有了新的要求：要求教育机构要从单一走向多元，教育资源环境要从封闭走向开放，学习方式也要从被动走向自主。移动课堂将教学的所有环节整合起来，从整体上提高了教学的质量与效率，其环节主要包括四部分，分别为课堂学习、课堂测试、交流互动和资源共享。

1. 移动课堂学习

泛在学习与传统教学的课堂学习内容是有明显差异的，泛在学习是对传统教学的延伸，因此，其要在保持自身优势的同时优化传统教学，也就是在实现泛在学习的过程中体现出传统教学专业培养的系统性。

首先，将原本的已经相对完善的知识体系结构进行导入，并使其成为支撑泛在学习系统的基础。传统教学的专业培养工作已经进行了很长时间，所以其积累了大量的实践经验。在专业标准、专业知识结构体系构建等方面有其优势，这些系统的知识能对学生的学习有导向作用，指引其沿着既定的学习道路前进。当然，有些能力强的学生可以实现跳跃式学习，这就需要他们可以通过相关测试打开相应的权限，这一权限不应该向所有学生开放。毕竟有些学生的能力有限，这些学生还是需要按部就班地完成知识结构体系的构建。此外，课程性质不同，采取的学习策略也应该有所改变，学习基础课程与核心课程就应该选择不同的学习策略。

其次，对于课堂学习的过程，需要对其进行详细记录。教师根据课堂学习记录可以认识到学生某些知识点上存在的不足，更重要的是，还能随时了解学生的学习进度。学习进度不仅包括学生在专业学习上的走向，而且还包括某一课程上的学习进度。教师最好将学生每一阶段的学习进度都保存下来，这样能帮助其较为全面地了解学生的学习情况，从而为以后教学方案、目标的制定提供借鉴。

2. 移动课堂测试

完成课堂学习之后，学生的学习成果如何是需要检验的，而测试是检验的必要手段。测试的作用主要有两方面：一方面，学习者可以认清自己学习上的优势与不足；另一方面，教师可以清楚掌握自己的教学效果。在测试方面，传统教学优势明显，其已经积累了大量的测试资源，形成了一个"试题仓库"，保证了测试的顺利进行，而泛在学习却缺乏相关测试。

因此，要实现泛在学习的课堂测试模块，就需要结合传统教学的内容，导入一些必要的测试资源。基于传统教学的教学实际，通常而言，测试资源分为三类，分别为平时练习、单元测试、课程考核等。平时练习是最普通的一种测试形式，当学生完成一部分的知识学习时，教师就会为其提供相应的平时练习，以检验学生对知识点的掌握情况，提高其认知水平。需要指出的是，这类资源一般为学习者主动、自愿地完成相关练习；课程进行了一段时间之后，教师需要了解学生在前期知识的学习情况，所以要进行单元测试。这类资源考察的是学生的学习效果，教师对测试的结果进行分析、判断，从而掌握学生的学习动态，认识学生在学习上的不足，并向学生提供改进意见；课程考核是在一门课程结束之后进行的测试，其主要目的是为了检验学生的学习是否已经达到了课程的知识建构要求。

3. 移动课堂交流互动

泛在学习非常强调互动，但是互动在该学习系统中的利用率仍然不高。传统教学单纯地就是教师讲、学生听，课上师生间的互动次数不多，课前更是几乎没有什么互动，这让师生间的情感交流变得极为不顺畅。而移动互联技术则完全改变了这一情况，线上互动增加了教师与学生互动的机会，借助移动互联网，教师可以随时随地解答学生的问题，学生与学生也能就某一问题进行及时讨论。互动交流应该实现以下内容：

（1）互动方式的选择。当前可选择的在线课堂互动方式主要有三种：第一，设置评论。学生可以在相应课程下面的评论中发表自己的看法，可以提出自己的疑惑，也可以对课程进行评价。第二，借助第三方渠道。比如我们熟悉的腾讯QQ、微信等都可以成为这样一种渠道：利用这些实时聊天工具，教师与学生可以随时互动。第三，借助论坛。在论坛上，教师可以在课程下给出可供学生讨论的空间，让其一起思考，找出答案。这三种方式各有各的优势，其中，论坛能将交流的痕迹保留下来，是最普通的一种交流形式。

（2）互动内容的选择。互动，一方面，使学生与学生之间可以进行良好的沟通，他们在沟通中相互学习、共同成长；另一方面，使学生咨询、教师解答实现了可能。在互动交流中，教师可以随时掌握学生的学习动态，了解学生的实际学习情况，进而就能制定出相应的教学计划，从而保证了教学的有效性。在进行教学内容设计时，教师需要先与学生交流，了解学生的学习需求，从而使教学内容设计更科学、合理。

4. 移动课堂资源共享

在传统教学中，教师在上课之前需要搜集大量的文献资料以供教学之用，这些资料不仅包括一些文字、图片，还包括音频、视频，多样的资料让学生可以全方位感知知识。不过，这些知识都是教师传授给学生的，学生在搜集资料上并未做出任何努力。而在信息技术时代，互联网上充斥着大量的学习资源，只要学生上网，就能从互联网上自行搜索、下载相关内容的资料，且资料还可以在彼此之间共享，学生们就能学习到比自己查找的资料更多的知识。

在资源共享模块，需要考虑资源的来源以及处理问题，有些资料源自可收费网站，这就需要教师与学生花费一定的费用获得使用权限。资源的种类多样，内容丰富，为了方便学生获取与使用，必须要对资源进行必要的分类。

移动课堂是在"互联网+教育理念"下形成的新的教学模式，它通过对传统教学予以强化，可以实现传统教学新的变革。借助移动互联技术，传统教学与泛在学习实现了融合，融合主要体现在资源整合、教学互动以及知识挖掘等方面上。

二、网球移动课堂教学的创新应用

第一，微信平台。微信公众平台是微信对其聊天功能的一种丰富，在微信公众账号里，用户可以将一些信息发布出来，只要是关注该账号的用户就能获得相关的知识。另外，微信平台也在不断更新升级当中，从而将其分成了两个类型：一种是订阅号；另一种是服务号，这种变化主要是为了将信息分享和服务组织区别开来。一些企业、公益团体和媒体组织等申请的是服务号，个人和组织申请的是订阅号，可以申请订阅号的团体也能申请服务号，但是个人不能申请服务号。

第二，微信服务号。服务号是微信公众平台的一种账号类型。这种账号主要是组织和商家、企业之类的可以申请。在申请之后，一般会有相关的认证，相当于一种比较微型的官方账号。服务号主要是为用户提供服务，通过自定义菜单，将官方的有些信息发布出来，其个性化界面受到了很多用户的欢迎。服务号还可以与移动网站进行链接，分享信息，实现跨平台服务。在服务号中，用户和机构的互动有了更多的方式，通过不同移动网站的入口链接，可以将微信的用户群结合起来，增加用户黏性。企业还可以将很多的信息分享给微信用户，增加阅览量。微信上的用户比较多，在很大程度上，企业等商家的信息可以快速地面向微信用户，以扩大企业的影响力。

第三，微信订阅号。订阅号在微信公众平台中是另一种账号类型，这种账号类型主要是个人和组织注册的。这种订阅号可以为微信用户分享出来一些重要信息，微信用户可以根据自己的需要订阅相关的账号。在移动互联网发达的今天，很多人为了方便快捷地获取信息，都会在微信上关注一些订阅号，实时获得一些重要信息。

（一）移动课堂对网球教学的影响

微信丰富了大学生的生活，使其获得了更广阔的空间。从学习层面上来看，微信上的许多学习公众号将会为其提供多样的学习资料；从生活层面上来看，微信已经成为大学生交友的主要方式。多数大学已经实现了校园网的全覆盖，学生随时随地有疑问都可以登录微信向教师与同学寻求答案，由此可见，学生的学习方式也发生了明显的变化，移动学习出现了。

第一，微信在网球教学方面有很大的优势。传统网球教学的主要阵地为课堂，教师在课堂上多进行理论知识的讲授，学生只是被动听讲。微信为网球教学提供了新的授课方式，这种方式对学校网球教学的建设也有一定的促进作用。

第二，微信上充斥着关于各种学科的知识。多样的知识能让学生丰富自己专业知识框架，同时也让学生加深对社会的了解，提高其社会适应能力。此外，由于大学生都用微信进行交流，所以它还具有维持与改善人际关系的作用。微信具有更多的发挥民主和自由的作用，大学生在学校微信网球教学的过程中，可以就某些问题提出自己的意见，以帮助网球教师调整网球教学计划，制定合理的网球教学目标。

在互联网这个虚拟世界中，每个人的地位都是平等的，从这个意义而言，微信也具有一定的包容性。它能让每位学生自由地表达自己的想法。长此以往，他们越来越认识到自己与教师是平等的，从而敢于在微信上问问题，提建议。

（二）移动课堂在网球教学中的应用模块

1. 移动课堂公众平台开发模块

（1）平台菜单建设模块。在平台菜单建设模块中，需要完成三个子模块的建设。这三个子模块分别为课程教学模块、课程支助资源模块和师生沟通交流模块，三个模块之间相互作用、相互影响，共同促进整个模块的建设。

（2）交互沟通模块。交互沟通模块在微信网球教学中主要起到两方面的作用：一是辅助作用；二是穿插作用。在交互沟通模块中要注意坚持学本位原则，重视与翻转课堂的融合，使学生可以在事先学习的基础上借助微信进行新一轮的网球学习。教师要注意通过亲切的话语影响学生，使其认识到网球运动的魅力，让其了解网球学习并不难。同时，教师不仅要加强与学生的互动，还要鼓励学生与学生之间进行互动，教师可在这一模块为学生组织各种讨论活动，使学生在讨论中了解网球学习中应该注意的地方。

（3）素材库建设模块。素材库建设模块主要是向学生推送网球学习资源。素材库一般包括两部分内容：一部分是教师自己独立设计的"微视频+图文"的课程资源；另一部分是符合微信订阅平台要求的视频资源。微信平台对上传的视频有一定的要求，视频需要积累、筛选才可上传。这就要求教师除了向学生提供一般性的关于网球基础知识的视频之外，还要积极开辟新的资源渠道，搜集多样的资源，并对其分门别类，这样资源才能顺利地上传到微信平台上。这些视频内容可能已经超出教材之外，因此，学生可将其当作一种课外延伸知识点，这些内容能进一步强化学生对网球知识的学习，促进其对知识点进行新的思考。

2. 移动课堂资源开发建设模块

课程开发的所有环节中，课程资源开发是最为重要的一个环节。从具体操作上来看，其可以分为两个阶段：第一阶段为微视频制作；第二阶段为微视频与图文资源整合之后在微信公众平台上的推送课程制作。值得注意的是，在具体制作过程中，需要考虑三个方面的问题：第一，考虑微信公众平台的承载能力；第二，考虑学生利用微信观看视频时可以对其产生影响的客观因素；第三，考虑到微信最后呈现的教学效果与其他终端存在显著的差异性。总之，启动移动课堂资源开发建设模块主要有以下步骤：

（1）进行选题。进行网球课程设计中，首先需要对网球课程知识点进行分类，再将各种微小的知识点进行系统化整理，从而全面形成网球课程的知识点关系图，并对这些知识点进行可视化分析。利用微信平台，可以将某一个网球知识点推送给学生，也可以将不同的知识点连接在一起后形成新的知识点推送给学生，由于知识点都比较微小，但从整体上又具有系统性，所以学生可以在系统掌握的同时又能扎实掌握。

（2）教学设计。教学设计部分最重要的内容就是单个知识点的教学设计。首先，需要对课程进行碎片化处理；其次，从碎片化知识中提取学生需要学习的知识点，将其设置成独立的单元。这部分要注意的事项也很多，不仅要注意教学中具体的活动设计，还要注意微视频的界面设计以及图文设计。只有将这两类设计所涉及的问题考虑齐全，并且在设计时进行恰当的整合处理，网球微信教学设计才能更加科学。

（3）微视频拍摄前的资源准备。微视频拍摄前的资源准备部分主要包括两类工作：一类是素材的搜集工作；另一类是课件的制作工作。素材是视频制作的基础，教师要尽一切可能搜寻多样的素材，以保证视频制作的丰富性。同时，还要借鉴传统媒体与课程制作的经验，从中汲取营养成分，从而为视频拍摄做好充足的准备。视频制作并不容易，其工程量巨大，需要教师投入较大的精力，但由于教师还要承担繁重的教学任务，其不可能在视频制作上耗费大量的时间与精力。因此，通常情况下，教师会与其他教师合作，共同组建一个团队，团队成员之间分工合作，共同完成视频的制作。

需要注意的是，以团队的形式进行视频制作虽然提高了制作的效率，但制作质量上却可能无法保证，这是因为每个人都有自己的想法，呈现在视频上就会看起来不和谐、不统一，这在一定程度上会影响学生的学习体验。

（4）视频拍摄和动画制作阶段。倘若依靠团队进行视频制作，那么各环节都可以同时进行，视频制作环节主要包括四个部分，分别为动画的制作、名签制作、视频的拍摄和微信公众平台的架设。动画制作的目的就是为了保证课程所使用的案例在引入时更具生动性，学生更愿意学习，一般利用移动（Motion）动画制作完成。因为Motion动画实现了平面设计、动画电影语言的融合，所以其呈现出多种多样的表现形式。也正是因为如此，其还具有很强的包容性，总是能与不同的艺术风格相融合，从而使课程充满趣味性。为了能清楚提示课程的内容，还需要制作名签。名签的种类丰富，有标题名签、提示语名签等，不论是哪一种名签，其制作都要遵循统一的风格，这是基于网球课程的整体性考虑的。利用传统媒体手段，借助摄像器材以及一定的拍摄技巧对需要学生学习的课程进行教师讲解部分的拍摄。进行微信公众平台的架设时，我们不能随意进行，而是需要遵循一定的原则，一般与开发模块的制作原则一样。

（5）借助不同的技术手段完成视频的剪辑合成工作。视频剪辑需要剪辑软件，熟练掌握剪辑软件的使用是进行这部分工作的基础。另外，视频播放载体为移动终端,学习者在观看视频时所呈现的学习习惯与方式,所身处的移动环境都与远程学习者有着明显的差异。因为手机屏幕较小,学生在观看视频时会受到界面的限制,所以,教师最好在视频中配以相应的字幕。值得注意的是,使用手机观看视频的学生要比使用电脑观看视频的学生更容易中途放弃视频的观看,但是如果从注意力层面上来讲,使用手机观看视频的学生要比使用电脑观看视频的学生注意力更加集中。这要求教师在进行视频剪辑时要保持画面的艺术性,注意动画插入的频率,这样才能激发学生观看视频的兴趣。此外,视频最后是要在微信公众平台上推送的,所以在制作过程中应该将公众平台的相关信息融入其中,例如,可以将网球教学公众号的二维码置入视频中,那些对网球课程有兴趣的学生就可以扫码关注,这是挖掘潜在学习用户的一种有效方法。

(6)制作的视频输出,并生成可以上传的影片。通常情况下,微信公众平台对上传的视频有大小的要求,如果直接上传,视频大小不能超过20M;如果必须要上传容量大的视频时,还有一种可行的方法,即可以将原来的大容量的视频上传到腾讯视频上进行转码,转码完毕之后会生成一个网址,在编辑图文消息时,就可以将这个视频网址粘贴上去,学生也能通过这一网址获取视频信息。设计者要对学习者所处的网络环境有所考虑,因为比较大的视频需要消耗很多流量,容易增加学生的流量负担。

(7)移动课堂在微信公众平台上的建设。将制作完成的微视频再配以图文资料,根据声视图文配合的设计原则,获得一个内容更加全面的视频,该视频能在一定程度上减少学生的外部认知负荷。为了保证学生的知识体系建构是全面的、系统的,可以根据前面已经整理好的知识点关系图设置对应的知识点链接,从而使每一部分知识都配有对应的视频,文字与视频共同促进了学生对知识的理解。

(8)选择合适的时间发布移动课程。移动课程的发布不宜过早,也不宜过晚,而是要与学生的学习进度相一致。

第三节 网球的慕课与SPOC教学创新

一、网球的慕课教学创新

慕课是一个音译词，由MOOC翻译而来，字母M指的是Massive，意思是"大规模"；第一个字母O指的是Open，意思是"开放的"；第二个字母O指的是Online，意思是"在线"；字母C指的是Courses，意思是"课程"。将这些单词的意思组合起来，就可以将其概括为"大规模开放在线课程"。慕课与传统的网上课堂还是有差异的，主要表现在以下方面：

第一，慕课课程计划与教学目标比较明确。在网上课堂开始之初，教师都会对课程做一个简单的阐述，比如课程的进度、本节课的重难点、课程要达到的程度等。在课程开始之前，学生应该用邮箱注册一个账号并安排好课程的进度。

第二，此处的教学视频不是课堂教学的翻版。它是为了相关慕课课程专门设计的视频，是一种定向视频。

第三，大段视频被分成了不同的小视频，小视频的时长都相对比较短，维持在10min左右。这一视频长度对于慕课教学来说是非常合理的，一方面它保证了教学内容的精练，同时还能让学生一直都处于注意力比较集中的状态。因为心理学的大量实验已经表明，在教师开始课程的10min的时间内，学生的注意力最为集中，学习效率最高，而随着时间的增长，其学习效率会呈现明显的下降趋势。

第四，教学视频内还设置了一些回顾性测试。只有学生回答正确测试内容，才能继续观看后续视频，如果学生回答错误，就只能回去反复观看自己出错的视频，这保证了学生知识的正确性，同时还能使其对旧知识进行必要的梳理。更重要的是，这种方式会让学生的注意力一直集中在视频上，从而实现高效学习。

第五，在慕课中，还设置了专门的作业提交区与学习交流区。慕课学习虽然是一种自主学习，需要学生发挥自己的主观能动性，积极观看视频，完成学习活动，但是，对学生的学习成果需要检验、评价，所以，其还是需要完成一定量的作业，当其作业完成后就可以通过作业提交区将作业提交给教师。学生在自主学习过程中肯定会遇到一些自己不懂的问题，当这种情况发生时，就可以在学习交流区中与教师或者其他同伴进行讨论，经过讨论，一方面，能找到问题的答案；另一方面，还能从其他同伴或教师中学习到看问题的其他视角，从而发散自己的学习思维，这非常有助于其后续学习。此外，慕课并没有将所有交流限制在线上范围之内，它还组织了线下见面会。选修同一门课程的人不仅可以在线上交流，而且还可以实现线下交流，而线下交流在一定程度上能增进学习者彼此之间的情感。

（一）慕课的主要特征

1. 规模较大的特征

传统课程的人数有限，但是慕课却突破了传统课程的人数限制，只要有网络，都可以参与到慕课中来，这种大规模性主要表现在两个方面：一是学习者数量的庞大；二是课程活动范围的扩大。慕课发展到今天，很多人因为它而受益，随着人们对慕课认识的加深以及慕课影响范围的扩大，慕课参与人数将会有新的增加，同时，慕课的课程规模也会更加庞大。

2. 开放性的特征

慕课的开放性主要有两种表现：第一，表现为学习者可能来自世界上的任何一个角落；第二，表现为资源获取、学习评价以及学习环境等都是开放的。在慕课发展迅速的美国，参与慕课课程非常普遍，只要人们对相关课程有兴趣，其都可以通过注册账号参与进来。因此，人们规定了常规慕课与典型慕课：当课程具有基本的开放属性时，其就是常规慕课；而当课程具有大规模属性时，其才是典型慕课。因此，慕课学习是一种非常新颖的学习方法，它用一门课程将全世界的学习者联系起来。

3. 非结构性的特征

从内容层面上来看,慕课更像是一种将琐碎知识点连接起来的媒介。它将一些在特定领域有着丰富研究经验的专家、教师的成果整合在一起,形成一个知识全面、系统的"仓库",学习者可以根据自己的需要从"仓库"中选择合适的"知识产品"。值得注意的是,这些集结起来的内容在"慕课"的关联作用下还能实现新的组合,组合后的新内容又能成为新的学习资料。

长期以来,慕课都没有一个科学的顶层设计。这是因为慕课形成之初并不具有太强的目的性,它只是一些教育界专家或教育爱好者为传播某一领域的知识而展开的服务,且这种服务具有志愿属性。后来,一些大学为了授予学位或学习证书的需要,尝试着要对慕课制定科学的课程标准,以保证其课程的质量以及学位的含金量,但即便如此,慕课也没有真正实现顶层设计。

4. 自主性的特征

由于不同学者看待问题的角度不同,因此其对同一概念的了解往往也具有显著的差异,对"自主性"的理解也是如此。慕课"自主性"可以从三个方面进行理解:第一,慕课并没有设置统一的学习目标,不同学习者的需求是不同的,因此,他们可以自行设置学习目标;第二,慕课会为学习者提供不同的主题,根据主题学习者可以搜寻到自己需要的资料,同时在何时学习、何地学习也同样需要学习者自己决定;第三,慕课并没有形成统一的、正式的课程考核机制。不过这里有一种特殊的情况,那些需要获取学分的在校生因为有学分的要求,所以一般会对学习有一定的预期,这使他们有必要对自己的学习成果进行评价。从这些分析可以知道,基于关联主义理论的慕课在很大程度上是需要学习者发挥其自主性的。

(二)慕课在网球教学中的创新应用

1. 转变网球教学模式观念

(1)由单一办学主体向国际化联盟式办学主体转变。传统办学主体就是一所大学,这限制了办学思维,同时也不利于大学的全面发展。而现在办学主体发生了明显的变化,很多大学联合起来共同组成大学联盟,联盟的形式让高校办学有了更多可能性。

目前，已经涌现出了很多慕课平台。平台上的网球课程并不为一所学校垄断，而是由多所学校一起开发，并且在平台上共享。这给大学网球课教育以启示，大学的网球课程应该迅速利用信息时代的优势，不能将办学视野局限在本校或者国内，而应该开阔视野，从不同国家的办学历程中汲取经验，否则，不能与时俱进甚至有可能会被世界所淘汰。

（2）由个体学习模式向团队学习与个性学习相结合模式转变。要想真正改变学生的网球学习模式，就必须要借助慕课这一教学模式。利用慕课，创新网球教学内容，探索新的网球教学方法，将学习的范围从同一群体或学校扩大到不同国家、不同领域中，从而实现多数人对同一主题的大规模学习。传统自我努力的网球学习模式已经无法适应当前学习社会的要求，慕课具有很强的包容性，它使不同性格、学习习惯的人实现了良好的互动，更重要的是，每个人的个性也能得以彰显。

从基础教育，到高等教育，中国传统课堂模式一直都是集体教学。虽然到了大学，一些教师试图突破传统的"教师教—学生学"的模式，但是限于班级规模、学生需求的不同，其想法并未很好地实现。可见，要想突破传统个体学习模式，打造新的个性化学习模式，并非易事。但是，慕课的出现，成为解决这一问题的良策：一方面，学生可以通过多种多样的手段获取自己所需的网球知识，丰富自己的知识结构；另一方面，在网球学习过程中，学生还能实现对知识新的思考，从而不断培养自己的创新能力。借助慕课，学生真正成为学习的主人，教师也获得了一定程度上的解放，可见，无论对于教师教学，还是对于学生学习，慕课都是一个非常好的选择。

2. 提升大学生自主学习能力

（1）培养大学生学习的自主性。网球慕课教学模式的根本追求就是让学生的学习行为回归到本源，也就是，通过线上方式激发学生的学习兴趣，使其体会到学习带来的快乐，从而缓解传统线下学习的压力。需要指出的是，网球慕课教学活动的开展需要学生具有较高的自主性与自律性，教师的角色被相对淡化。与此同时，学生在学习过程中会产生一定的困惑，在学习过程中遇到问题时该怎样向教师与学生寻求帮助，这就要求大学校园必须要采取一切方法提高学生的自主学习能力。可以以信息技术为依托，通过向学生提供网球相关图片、音频与视频，不断激发其学习欲望，同时，要时刻关注学生的学习动态，使其形成正确的学习态度。此外，还要加强师生互动，这种互动不应仅局限在课堂上，还应该延伸到课堂之外，

中国传统网球教学一直都强调以教师为中心，而现代教育理论已经证实，教学应该以学生为中心，慕课就是这样一种以学生为中心的教学模式。所以，大学应该行动起来，加紧网球慕课课程建设，从而为学生提供一个高效的网球学习平台。在信息技术繁荣发展、智能终端普遍盛行的当下，大学可以通过慕课教学与线下教学相结合的方式促进学生更好地学习。例如，可以在大学校园内部的社交网络或者论坛上将有着同样网球学习兴趣或者学习疑问的学生聚集起来，学习群体的扩大有利于学生之间进行生动的探讨，协作学习便形成了。线上线下的融合在一定程度上打破了空间、费用等的限制，让很多人都可以参与到学习活动中来。由于每位学生对待问题的看法不同，解决问题的方法也不同，这种方式就为每一位学生的学习都提供了更多的可能性。此外，线上线下模式让传统课堂焕发了新的生机，学生在线下也变得更加乐于学习。同时，教师可以参与其中，教学反馈也就实现了线上线下并行，帮助教师在第一时间了解自己的教学情况。

（2）利用多种形式的交流渠道。慕课教学的实施并不是以录制视频结束为最终环节的。其实，录制视频只是网球教学的开始，视频在录制完毕之后，还需要教师定期对课程进行维护，也就是进行知识更新或对学生的问题进行答疑，这样才能保证学生学习的全面性。学生在网球学习过程中总会遇到一些自己无法解决的问题，而在慕课平台上学习同一课程的学习者有很多，这样学生就可以在讨论交流区中与同伴们在线交流、探讨；有些简单的问题，他们可以讨论出结果，而对于比较难的问题，或是要对知识进行归纳、总结，则还是需要教师的参与。在面对同一网球知识点时，很多学生可

能都会有同样的问题,这就要求教师对这类问题进行分门别类,有规律地进行总结,并配以相对应的答案,这样学生搜索起来就会非常方便。教师不仅要在线上搜集学生的问题,还要在线下课堂中搜集学生遇到的问题,这就保证了解决问题的全面性,使学生的任何问题都可以找到答案。

网球慕课教学重在交流。在学生完成相关网球课程视频的学习之后,教师可以组织学生进行探讨、交流。交流的形式是多种多样的,可以在线上讨论区交流,也可以在线下以报告会、社会实践活动的形式展开交流。交流就是一种双边互动,甚至是一种多边互动,在交流中,师生之间、生生之间都完成了良好的互动,彼此之间的情感联系也更加密切。

3. 实施开放式网球课堂教学

在进行学分管理制度优化的过程中,涌现出了四种新颖的管理形式:分别为学分互认、线上线下、教考分离、自由互换。基于这四种形式的教育教学实践可以称之为开放式课堂教学。在慕课的影响下,传统网球课堂开始变革,开放式课堂就是变革的重要产物。基于开放式课堂的体育教学实现了体育教学的新发展,让网球教学改革出现了新的思路,并且较大程度上提高了网球教学的质量与效率。

(1) 开放式课堂教学。开放式课堂凝聚了传统课堂与慕课课堂的优势,是两者相结合的产物。学生在传统网球课堂上已经学到了一些知识,在此基础上,借助慕课平台,学生可以完成自主学习,并将学习成果反馈给教师。这样,学生就对学生的学习情况有了更加清楚的掌握,同时,对于学生的问题,教师还能给予及时的解答,从而加快学生对知识的内化与吸收。

基于慕课视角的开放式网球课堂教学的重点主要集中在四个方面:第一,激发学生的学习积极性,使其可以主动参与到网球学习活动中来;第二,培养学生的创新与思辨能力,使其能举一反三;第三,共享慕课平台上的所有高质量的资源,使学生的网球知识结构体系得以丰富;第四,培养学生的团队协作能力,使其在学习上能与其他同伴共同协作,在生活上与其他同伴相互帮助。开放式网球课堂教学的场所既包括传统课堂("线下课

堂"),也包括慕课平台(线上课堂),两者共同作用,为学生提供优质的学习环境,具体如下:

第一,线上课堂。学生可以在慕课平台上根据自己实际的学习需要选择相应的网球课程进行自主学习。不过,此处的"慕课平台"的范围比较广,不仅包括大家比较熟悉的国际性平台Udaclty、Coulses、edX,还包括中国本土化的一些慕课联盟平台,例如,"学堂在线"。国际性平台与本土化平台都各具优势,国际性平台能让学生开阔视野,了解相关领域最前沿的动态,而本土化平台由于是从中国教育教学的实际出发的,因而与学生的学习需求非常契合。

第二,线下课堂。学生与教师都带着"准备"进入网球课堂,教师对学生进行指导与点拨,学生则接受教师的网球知识灌输。此处的"准备"实际上是指教师与学生在进入课堂之前已经对本节课的网球内容有了初步了解。学生的"准备"就是其从慕课平台上学习到的知识,做好这一"准备",学生的课堂学习效率就能有所提高。需要指出的是,与学生的"准备"相比,教师的"准备"更加重要。这是因为不同的学生根据自己的喜好可能会选择不同的慕课平台进行"准备",这就需要教师要根据所有学生的反馈进行教学设计,组织网球课堂教学活动。教师需要为学生组织多样的探究互动与讨论活动,这样学生就能将自己在网球慕课平台上的所学与疑问都表达出来。一方面,方便了教师掌握学生的学习情况;另一方面,学生之间能够形成和谐、个性化的讨论氛围,有利于其更高效地学习。教师也可以参与学生的讨论,不过,教师这时的角色是引导者与合作者,其不能再将自己当作网球课堂的主导者,要在学生需要帮助时及时施以援手,理解学生在学习过程中的困难,要耐心地指导学生。为了更好地平衡师生关系,可以从教室布置上做出恰当改变,将传统横向或竖向排列的桌椅形式转变为圆桌式或者吧台式。这种形式一方面能开阔教师的视野,使其可以监督每一位学生的学习情况,随时为学生答疑解惑;另一方面,能让教学氛围变得更加轻松、和谐,这有利于师生、生生良好关系的形成。

（2）开放式课堂教学的优势，具体如下：

第一，开放式课堂教学使学生的网球学习过程发生了翻转，让学生可以在课堂学习之前对网球知识有了初步了解。开放式课堂教学的场所并不固定，选择具有多样性；学习过程是一种交互式教学过程，能拉近教师与学生之间的距离；改变了知识学习的顺序，知识学习从课堂、课后转移到课前、课堂上；能让学生对旧知识进行系统梳理，进而巩固所学。

第二，开放式课堂教学的理论依据是人本主义，强调反馈在教学过程中的重要作用，认为应该加强教师与学生间的互动，从而形成和谐的师生关系。在慕课平台上，学生能通过学习交流区与教师、其他来自世界各地的同伴一起讨论，共同解决问题，这就使学生获得了更多看问题的角度。慕课资源建设是开放的，学生借助开放的环境可以将自己的学习情况反馈给教师，以帮助教师完善教学设计，加快慕课联盟平台建设。慕课平台上都会有一块论坛交流区，在这个区域，学生不仅可以向教师提出问题，而且还能向其提供教学方面的建议。在线下课堂，教师将学生反馈的信息进行整理、分析之后，可为学生组织一些探究性活动，不断培养学生的创造性思维。同时，为学生营造一个舒适、和谐的讨论交流环境，以帮助学生自由地表达自己的想法。传统大学网球课堂无法提供给教师与学生更多交流的机会，尤其是在课下，学生几乎无法能见到教师。而开放式网球课堂彻底改变了这一情况，只要学生愿意，他可以随时与教师取得联系，就是在频繁的互动交流中，教师与学生之间的情感联系也变得更为紧密。

二、网球的SPOC课堂教学创新

小规模私密在线课程（SPOC）是由MOOC发展演化而来，是后MOOC时代出现的产物。SPOC课程特点包括：①小班化教学及小组协作学习模式；②课堂结构的合理调整；③尊重学生课堂主体地位；④充分利用丰富的教学资源；⑤教学手段的多样化；⑥多角度的教学效果评价。大学体育网球课程应尊重学生主体作用，倡导探究式、开放式教学方式以及信息化教学理念。

（一）SPOC课堂教学的相关理论

1. 有效教学理论

有效教学理论是20世纪中叶具有代表性的教学理论。随着经济的发展，人们对生产效率的追求日益加剧，有效教学理论以有效为追求的核心逐渐受到了人们的重视。有效教学所追求的教学结果是教学后学生得到多方面成长，包括成绩提高、技能拓展、人格完善等。有效教学应达到效果、效率及效益三方面统一，教学上仅有效果或有效率都并非纯粹意义的有效教学，效果、效率和效益三个纬度是衡量教学是否有效的标准。教学过程中，是否具有效益主要从教学目标上给予判断，是否具有效果主要体现在教学内容方面，而效率则体现在教学方法上。效果、效率及效益的提高主要依赖于教师和学生两方面，而重点则是教学策略，其影响教学效率的提高，进而作用于教学效果。

（1）教学的效果、效益及效率，具体如下：

第一，有效果。教学中，有效果是对教学成果与最初制定的教学目标契合程度的评价。教学是否有效果以教学内容作为评价，而内容的制定则以教学目标为导向。因此，在教学过程中教师需进行科学及合理的分析后再制定相应教学内容。在网球教学中的有效果也是根据教学目标的完成程度来确定的，主要体现在技能的进步、体能的提高、心理素质的增强、社会适应能力的提高、体育与健康知识的掌握等方面。

第二，有效率。教学活动作为一种精神活动，其效率的表达也可以沿用经济学中的概念，即：教学效率=教学投入/教学产出。对于高效率的教学活动，教学投入和教学产出成反比，即教师应当以更少的教学投入获得更高的教学产出，符合夸美纽斯在《大教学论》中所提倡的教员少教且学生多学的思想。想要达到有效率的教学目标则需对教学方法进行设计和变化，对学生学习进行前端分析，根据学生的实际情况制定不同教学方法，提高课堂教学效率。

第三，有效益。教学效益是教学实践价值的实现，是判断教学实践收益的标准。效益的体现是一种非即时性的需要随时间发展才能判断的现象，需要依据教学目标及该目标与社会和个人的需求是否一致进行判断。

网球教学效益主要体现在技能水平、身体素质以及社会适应等方面。例如，网球课程的学习对于学生运动习惯的养成及终身体育意识的培养，需在学生毕业后经长时间的观察才能得到体现，网球课程对学生情感及意志品质的培养也需通过长期的观察才能发现。

（2）有效教学的措施。具体为：第一，教学计划的安排应当符合科学原理，依据学生现实情况进行合理安排，不能在学期初始阶段简单地制定且不做出调整；第二，准确定位教学内容，依据学生实际情况，根据学生学习水平及兴趣爱好等合理安排教学内容；第三，注意学生的个体化差异，在分组教学时，针对有显著差异的学生进行观察，确定他们是否有必要进行单独分组；第四，教师能够清楚表达概念化知识点、图式结构和案例等内容，教师的口头表述及教师对学习材料的呈现形式必须能让学生直观地感受到且学习内容易于理解；第五，教师需积极引导学生投入到课堂环境中，教师可通过幽默的语言、开放的提问，鼓励学生多尝试，使学生投入到课堂环境中；第六，充分尊重学生的个体独特性，鼓励学生具有创造性思维；第七，教学系统应呈现开放性，便于与外界及时进行物质信息交换，该过程使学生学习呈现非平衡状态，促进学生进行延展性和探索式的学习。

（3）有效教学理论的启示。基于有效教学理论，SPOC教学也应以有效教学的标准进行设计，体现在教学内容、教学策略、教学目标、教学环境的设计等方面。

1）有效果，表现为：①教学目标制定方面。教学目标的制定应依据教学功能、教学内容、学生兴趣态度、学习需要、学习倾向、学校的物质条件等因素，教学目标的完成情况决定了学生的学习效果。SPOC教学在制定教学目标时，应综合考虑多方面因素，如情感、认知、技能等方面，制定合理的目标以便后期的教学活动达到教学有效果的目标。②有效教学的同时要做好充足的教学准备。SPOC教学分为线上和线下两种模式。线上多媒体教学资源的开发是SPOC教学过程中重要的环节，其对教师的教学设计能力、专业知识的掌握程度、收集和发现延展性学习资源的能力以及视频编辑能力等要求较高。如果教师对线上教学资源设计得不充分或不合理，势必会影响教学，导致学生获得负效或者无效的学习效果。③有效教学提倡学生主动参与学习，并非像传统教学让学生被动地接受知识，这也是有效教学的关键部分。④SPOC教学强调限制性准入原则，学生需主动提交学习申请，教师根据学生的实际情况对网球课学生进行筛选，所以SPOC形式的网球课程是学生遵守主动选择参与，符合主动参与的原则，也满足有效教学的要求。⑤SPOC教学提倡学生课上开展小组合作形式的延展性学习，课下对疑难点进行自主探索，学习材料与同学和教师共享，教师将学生总结的学习材料进行筛选，编入学生线上学习资料。

2）有效率。有效教学的效率与教师的教学策略和教学手段相关：①有效教学强调高效利用课堂时间。课堂时间分为教师活动时间及学生活动时间，SPOC教学专注于高价值的教师活动时间，线上教学教师主要讲解课上需讲授的内容，线下课堂教师需针对不同学生开展个性化辅导，凸显学生主体地位，使课堂时间得以高效利用。②课上小组合作互相评价，发现问题的学习形式。该形式相较于自学，学生之间互相评价有利于问题的发现与改进，提高了学生的学习效率，减少了教学管理时间，同时学生课堂参与率也得到提高。③教师在开展SPOC教学的过程中，与学生的交流时间增加，符合有效教学的标准。SPOC教学强调对学生创新素质的培养，满足有效教学的最高要求。④SPOC教学过程利用建构主义原理实现了小组合作协商及课下延展性探索的学习形式。学生从不同源头获取新知识，拓展了学生的眼界和思维，培养了学生探索性和创新性的学习思维，形成更新颖、更全面的认知观念。有效网球教学注重课堂教学环境，SPOC教学网球课堂也同样如此。该形式教学最大程度地开发了教学资源，满足学生的技能练习需求。

3）有效益。SPOC教学的有效益体现在对学生网球兴趣及体育认知的培养。网球兴趣培养方面，教师应注意教学手段和教学方法的设计符合学生需求,增强学生参与网球学习的自主性。网球认知培养方面,应当在线上及线下课堂中普及网球健身的效果,培养学生终身从事网球事业的意识。

2. 远程教育理论

远程教育这一教育模式逐渐兴盛发展,其最大限度地利用以及整合了各种教育资源,为教育的发展提供巨大的便利。远程教育是一种有计划的活动,包括课程选择、教导准备、学生学习管理及支持、教材呈现,教师和学生通过媒体资源进行远程教育和学习。远程教育的定义有广义及狭义之分,广义远程教育主要指通过远程学习及教学实现的教育,而狭义远程教育主要指通过远程学习和远程教学实现的学校或其他机构组织的教育。

远程教育虽然可以为教师与学生提供交流的平台或为教师督促学生的学习提供便利,但相较于传统教学模式,其在情感交流及问题发现的及时性等方面不占优势。在传统教学中,对于缺乏学习热情的学生可以及时发现并激发其学习兴趣;而在远程教育中,学生处于自主学习的状态,教学效果主要取决于学生自主学习能力的高低。教师在面对多元化动机的学生时,其学习过程是否得到落实是影响教学质量的关键因素。而落实学习过程的关键是学生的学习自主性,同时,学习自主性的高低取决于学习动机。因此,对学生学习动机的分析及培养是远程教育不可忽视的部分。SPOC教学作为远程教育发展的产物,在教学过程中应当高度重视对学生学习动机的培养。

(1)远程教育中动机的培养。动机是一种促使人们从事某种活动的想法,在心理学当中一般被认为是所设计行为的发生、强度、方向以及持续性的原因。动机促进学生的学习主要体现在其功能方面,包括激发、指向以及维持三种。以动机理论作为指导可在一定程度上弥补远程教育中学生自觉性不足,造成辍学率高、学习效果差等问题。在动机培养方面教师应遵循远程教育的引导原则,从价值观、教学环境、教学计划等方面着手,引导学生形成良好的学习动机,促进学生学习。

第一,动机的培养应当以学生为中心,培养其内在动机。学生进行课程学习前应进行专业重要性教育,并对课程前后进行比较,使其认识到课程学习的价值和意义。远程教育课程的选择不同于高校的课程选修，其以兴趣为主要导向。

第二，教师应当强调学习的内在个人价值。远程教育课程对学生个人人生观、价值观的形成及知识体系的扩充都具有重要影响。

第三，学生学习动机的培养和教育并非单纯地在某一个学科或几个学科中，应当覆盖到学校各个科目，加强学生对动机意识的敏感程度以及教师对动机培养的重视程度。

第四，学生在学习过程中应当给自己制定适合的学习计划和目标。学生以学习目标为导向，依据计划进行学习，在无形中也增加了学生的学习动力。

第五，教师应定期跟进学生的学习情况。对学习效果不佳的同学进行指导，以提高学生对动机培养的敏感程度和重视程度。同时，教师依据学生学习情况，可进行适当奖惩。

第六，针对动机培养效果不佳的同学，教师应当引导学生进行正确的归因，寻找问题所在，并为学生提供解决办法。

第七，教师应运用多媒体手段对教学内容进行创新性编制，创设良好的学习环境以供学生学习。

SPOC形式的学习作为远程教育在自身发展过程中出现的新的学习形式，其学习动机问题也必然是教师教学过程中的应当加以关注的问题。对学生的学习动机从不同方面进行激励和培养，促使其产生更积极的学习行为是教师在SPOC形式的教学过程中应当重点关注的问题。

（二）SPOC网球教学目标的制定

网球教学目标是指在网球教学过程中教师和学生预期达到的学习标准和结果。教学目标是教学设计的主要依据，对于师生的学习和教学活动安排、教学方法的选择、教学效果的测量评价有着重要的定向作用。网球教学目标包括总体目标、学段教学目标、学年教学目标、单元教学目标、课时目标。目标的设置原则遵循便于学生学习、教师教学以及教学评价的原则，教学目标应当难度适宜。

目标设计的主要步骤为对学习对象的分析以及教材内容的分析。对学习对象的分析包括起始能力、学习需要、一般特点分析等；对教材内容分析主要分析教材的特点和功能，清楚认知学习者所需掌握的知识、技能，所需培养的心理品质、社会适应能力，以及所需加强的学生思想品德教育和网球活动能力。

SPOC网球教学目标在技能以及培养身心健康方面与传统教学类似，而在认知与情感方面则不同。SPOC网球教学相比传统教学更加侧重于学生对学习信息的深度加工、知识体系的主动构建、高阶级思维的批判、知识的有效转化迁移和对实际问题的解决能力及自我认知等。课程结束后，相较于传统课堂SPOC网球教学更加利于学生延展性认知评价以及自我评价等方面能力的提高；同时，SPOC网球教学的小组协作式的学习更利于学生集体意识及互帮互助情感的发展。

（三）SPOC网球教学的创新策略

1. SPOC网球教学内容的呈现顺序

教学内容的呈现顺序是指对网球课程各项目或某个网球项目各技术动作在整个教学阶段中的呈现顺序。SPOC网球教学流程构建过程中，教学内容依据教材及引进的资源进行整理构建并使其呈现出合理的教学顺序，如将完整的项目分解成不同的技术动作，而将各技术动作分解成循序渐进的单个动作。线上资源在开发过程中也应遵循这个教学内容呈现顺序进行线上课程资源的建设。这一过程教师在进行SPOC网球教学线上课程资源建设时应当关注，并依据教学时间制定教学计划使SPOC网球课程资源以合理的顺序发布到教学平台上。

在教学内容呈现顺序方面，SPOC教学具有一定的限制性准入特点，在有限的人数下便于教师开展具有针对性的个性化教学，因此，教学进度的安排应根据学生实际情况进行及时的调整。SPOC教学个性化策略充分尊重学生的个体差异，针对学生的不同学习情况调整教学计划和教学内容的呈现顺序，以达到每一个SPOC网球班级的学生能够取得很好的学习效果。

2. SPOC网球教学的组织形式

教学组织形式主要以班级为单位在班级内部采取分组教学的形式。依据SPOC网球教学前期分析了解学生基本情况，根据性别、运动能力、学习风格、知识起点、技能起点、学生人际关系等进行同质性或异质性分组教学。

（1）按运动能力分组。根据运动能力水平可将班级同学分为优、良、中三种类型小组。对高技能水平小组可适当增加学习内容及难度，在技术细节处理方面可提出更高的要求。而对身体健康水平较低的同学可在教学内容及技术细节处理方面降低要求，并且可增加一些基本的身体素质练习，以缩小班级学生间身体素质的差距。

（2）按技能起点分组。依据学生的技能掌握情况进行分组教学。对技能掌握熟练的同学进行同质分组，便于教师在线下课堂教学中进行更具针对性的技能指导。也可对同学进行异质分组，将技能掌握熟练的同学与技能掌握较差的同学分到一组，以期实现小组内部带动性作用，缩小班级学生间的差距。

（3）按性格分组。性格分组是指依据学生的个人性格特征进行分组，性格特征主要分为外向型和内向型两种。外向型的同学往往表现出身体素质好、运动能力强、技能学习快的特点，但是其学习状态不稳定。内向型学生的反应比较慢、身体素质以及运动能力相较于外向型而言较差，但在学习过程中学习态度认真、沉着稳定。针对该组类别进行分组的时候也可依据同质性或异质性分组。按同质性分组时，利于实现更具针对性的个性化教学，而按异质性分组时，不同性格学生之间在学习过程中交互影响有利于对学生健全人格的培养。

（4）按合作型分组。合作型分组是指学生在学习的过程中，学生之间协同合作进行学习。例如，教师课后布置拓展性练习，要求学生进行资料的搜集、整理和共享。这需要学生在小组内进行不同的工作分配和任务分割。

3. SPOC网球教学的方法类型

在SPOC网球教学过程中，依据教学形式和特点主要采用以下教学方法：分组教学法、案例教学法、练习法、预防和纠正错误法、任务教学法、以直接感知为主的教学方法和讨论法等。

（1）分组教学法。对学生采取同质或异质分组，在线上线下教学中，学生进行分组学习并完成教师布置的任务。

（2）案例教学法。教师对学生课上录像进行分析，将具有共性错误的动作作为案例进行分析。

（3）练习法。学生依据教师布置的任务及线上的学习材料进行分组练习。

（4）预防和纠正错误法。组内成员在练习过程中，互相发现问题并及时纠正，教师在教学过程中也应积极发现学生练习过程中的问题并及时给予指导。

（5）任务教学法。SPOC网球教学的一大特点就是拥有项目化和问题化的教学设计。无论线上还是线下教学，教师都需给学生布置一定的学习任务：线上部分学生对技术动作的认识程度，线下部分学生对技术动作的掌握程度，这些任务都需要进行可量化的设计。

（6）以直接感知为主的教学方法。教师线上展示优秀运动员的动作分解或慢动作视频，直观展现技术动作，利于学生形成运动表象。线下课堂上教师也可再次展示技术动作。

（7）讨论法。学生线上自主学习结束之后，就线上的学习情况进行讨论，包括线上学习中的疑难点及体会。

4. SPOC网球教学的资源开发设计

（1）线上网球教学资源的开发。线上网球教学资源的开发包括视频资源、PPT（微软公司的演示文稿软件）课件及动画制作等。SPOC网球教学资源由教师组织团队进行设计和开发，团队成员有任课教师、助理教师、技术人员等。课程资源开发的主要方式有改造式、引进式以及自建式三种，即引进MOOC课程、技能教学视频和网络公开课资源，建设成特有的SPOC网球教学课程，或将本校已经开设的精品课程升级改造建设成SPOC网球教学课程。

学生在自学过程中可以通过自主暂停、慢速播放、重复多次观看视频等影视材料，加以PPT和文字说明，形成了动静结合多维一体的教学模式。例如，在学习网球正手击球课程的时候，可以结合排名靠前的网球选手的视频资料，进行直观的技能展示及案例分析。为防止动作速度快、角度位置不佳等问题导致动作完成过程学生看不清楚，影响学生对动作的掌握，教师在进行动作示范时，配合幻灯片播放讲解连续的动作定格，更利于学生对技术的学习及掌握。课上学生进行练习动作的视频录制，课下通过视频将自己与教师在平台上发布的技术动作进行比较，利于学生及时发现并调整动作错误。课程学习资源的开发也包括练习题和讨论话题的设计，这是基于行为主义及建构主义理念的重要资源和练习设计，也是SPOC网球教学策略的重要部分。

（2）线下网球课教学资源的开发。线下资源的开发包括五个部分：网球设施资源的开发、人力资源的开发、课程内容资源的开发、校外及课外网球资源的开发、其他课程资源的开发。

（3）SPOC网球教学平台。平台的核心模块主要包括微课建设、编辑；作业、考试以及评价设计；教学行为管理功能设计；问题式学习（PBL）创新教学功能设计。其中，微课的建设与编辑是指教师通过编辑添加教学素材提供给学生。作业、考试及评价模块可以让教师实现快速新建作业、按顺序选题、对试题答案和分数进行设置等。教学行为管理功能则是指教师通过平台的统计数据了解学生的作业完成情况、视频观看次数等。PBL创新功能教学设计是一种基于问题式的教学方式，在平台上可以自动生成小组，学生通过小组形式商讨解决问题，小组内部共同编写问题解决方案。

SPOC教学平台的构建非常复杂，需要投入大量的心血且对教学条件的要求很高。如果SPOC教学条件不够满足，也必须通过其他教学媒体进行弥补。

5. SPOC网球教学的评价

（1）诊断性评价。在开展教学课程之前，对学生的技能及知识基础进行了解，为资源开发以及课程设计提供依据。

（2）形成性评价：①对视频点击率、学生参与率、作业完成质量等进行统计，并以此为依据对学生的学习态度进行分析；②对课堂表现及技能完成效果等线下教学表现做出总结评价；③学生对自我学习情况进行评价，包括理论知识与技能学习两方面，再与同学进行互评，以便更加清楚地了解自我学习情况；④对教师、学习资源及支撑服务系统进行评价。

（3）总结性评价。对教学设计的总体评价是指教师在一个阶段的教学结束之后，依据教学过程中出现的问题对教学设计进行评价，以期修改并完善教学设计。总结性评价主要通过学期末的理论与技能考核形式来完成。传统网球教学中的考核形式包括课堂表现考核以及技术考核。技术考核则包括技术评价以及成绩达标两方面。SPOC网球教学考核形式也分为这两个部分，但其区别在于SPOC的课堂表现不仅限于传统的线下课堂的表现也包括线上学习的表现，这也是学生课堂表现的主要部分。线上课堂表现有教师布置任务的完成情况、学生的讨论和发言情况、对学习资料的点击情况等。在技术考核方面则与传统课堂类似。

第四节　网球的微课教学创新

简单来说，微课就是制作一个教学环节、知识点或是技能的教学短视频。要做到内容不松散且突出重点，其实这就是教学资源包。"互联网+"在当下的流行与发展让互联网和教育有了越来越密切的联系。而学校体育教学也在这种大环境下开始广泛地使用微课，这让学校体育教学模式实现了很好的创新，对学校体育教学改革有着很大的促进作用。以下主要探讨大学网球教学中对微课的应用。

一、微课在网球教学中的创新应用价值

若尝试将微课引入高校网球教学之中，并实现微课在大学网球教学中的有效应用，必须要明确微课在高校网球教学中的应用价值。根据微课的概念特点和大学网球教学的实际情况，微课在大学网球教学中的应用价值主要可以概括总结为如下方面：

（一）提高网球教学效率

在大学网球教学中，微课能够提高教学效率，主要原因为：①学生能够通过微课更加灵活地学习网球，可以让网球教学在课内外同时进行。尤其是课前学习，一方面可以让学生预习教学过程中涉及的知识，提高课堂学习效率；另一方面还可以让学生在课堂中提出预习时所遇到的各种问题，积极进行讨论，从而进一步学习相关知识和技能。②教师在进行课堂教学时要将讲解同微课相结合，可以将教学内容生动形象地展现出来，让学生更加直观地学习动作要领，从而保证教学应有的成效。③微课使用的教学短视频既可以是教师制作的，也可以是从网上获取的优秀的资源，这些都能让大学网球教学变得形式丰富多彩，从而大大提升教学效率。

（二）激发学生网球学习兴趣

在大学网球教学中，微课可以使学生对网球学习充满兴趣。微课不仅让传统的网球教学模式发生了改变，也让教学流程发生了变化，使学生可以灵活地掌控自己的学习。例如，学生可以通过微课在任何时间和地点进行网球学习，而且可以从自身情况出发进行灵活的安排。这不仅能够展现出学生的主体地位，让学生不断地学习和积累网球经验，还能够充分发掘出学生对网球学习的兴趣。

（三）促进教师网球专业成长

在大学网球教学过程中，微课能够使教师不断地提高专业水平。为了让微课有更好的效果，任课教师应该积极学习新的教学理念，勇于打破传统的

教学模式。此外，还要学习使用信息化教学资源，能够完成信息化的设计与教学等。这就要求任课教师要抓紧一切机会进行学习，努力实现自我提升，这不仅有助于教师的专业成长，还能够提高其执教能力。

二、微课在网球教学中的创新应用要点

将微课引入大学网球教学中，可以使微课发挥科学有效的作用。大学网球教学应用微课时需要注意如下几方面：

（一）微课制作层面的要点

科学地设计制作微课是保证其在大学网球教育教学中发挥效用的基础和关键。设计制作微课时，需要考虑如下两个重要问题：

第一，设计制作网球微课时要保持微课的特点。比如，微课具有内容简明扼要、言简意赅的特点，一般微课的设计时长为五到十分钟。设计制作微课时不能忽视这个时间要求，若只是简单地对课堂教学全部过程进行录像，则这种形式属于课堂教学的视频版本，而不属于微课，就无法发挥微课的作用和价值；再如，微课的另一个重要特点是主题明确、目标清晰。因此，设计制作微课时，我们可以围绕网球教育教学的特点，把各种教学内容按知识点进行分割，把每一个小知识点录制成一个微课视频。根据微课的特点、制作标准和要求，一个微课视频是不可能涵盖所有内容的。

第二，设计制作网球微课时要围绕着网球教育教学的特征和规律。对学生进行网球教学时，首先进行学习的是空挥拍，然后进行网球运动相关知识和技术动作的教学，包括对墙击球、底线相持、发球、网前截击等。根据这个过程，设计制作微课教学视频时应围绕学生的学习过程和网球教学的规律，使视频内容明确且具有个性特点，以充分发挥微课的效果和价值。

（二）微课实施层面的要点

大学网球教育教学过程中引入微课，在实施时需要注意两个问题：第一，为了使大学生形成好的学习习惯，教师应注重推广微课的方法，使学生可以在课余通过微课视频进行积极自主的学习；第二，采用微课进行教学

时，注重促进师生之间、学生之间的互动交流。尽管很多大学生具有自学能力，但是仍有一些学生由于自控力不足、学习习惯不好，导致课余时间自主学习的学生并不多。即使有部分学生课余时间学习了微课视频内容，由于他们不与老师、同学互动沟通，很少反馈问题，教师也无法了解学生真实的学习情况。这会对大学网球教学中的微课效果产生消极影响。

针对上面提到的问题，大学网球教学中引入微课后，教师要掌握学生学情。敦促监督学生自主学习可以采取多种手段，比如线上跟踪、线上开展测试和反馈、线上答疑解惑等，这些方式可以使与学生的沟通交流不再受时间和空间的限制。此外，制作微课视频时可以将问题穿插其中，在问题的引导下，引发学生讨论沟通，从而实现微课的作用和效果。将微课引入大学网球的教学中，是对传统单一的网球教学的有效补充。打破了传统固化的教学流程，易于激发学生学习网球运动的兴趣，任课教师的教学效率和专业水平也在此过程中不断提升。总之，从事大学网球教育的工作人员需要不断探索、研究和实践微课在大学网球教育教学活动中的应用，要积极总结应用策略和方法，不断积累相关的经验和反面教训。

第五章　实践视域下的网球教学模式创新

第一节　合作探究式教学模式与网球教学

一、合作探究式教学模式

合作探究式教学模式是指在授课教师的科学引导下，给学生制定一个合理的学习策略和学习计划，通过以小组教学和班级集体教学为基本形式，帮助学生完成教学中的各种学习任务，做到保护和满足学生对知识的好奇心和求知欲，更大程度激发学生的学习兴趣和自信心。另外，合作探究式教学模式是指授课教师借助书本教材为基本理论依据，根据学生自主的合作、探究学习特点，提高学生对书本基本理论知识的整体认知水平与理解程度。

综合上述，合作探究式教学模式是指在体育教学过程中以小组合作学习为基础，借助教材为基本探究内容和逻辑起点，将集体教学和小组学习有机结合，发挥学生在课堂上的自主能动性和主动建构理论知识的能力，并且在小组成员和教师的助力下不断获得学习体验和提升学生之间的情感。

（一）合作探究式教学模式的理论

1. 群体动力理论

群体动力理论充分借鉴了物理中"力场"理论，系统性地阐述了在群体行为过程中，群体中的各种力量产生会直接作用和影响每一个个体；提出个体行为变化需要个体内在动力的条件和外界力量共同推动，通过组内每个成员的变化才能有效地激励团队实现共同目标。在整个课堂教学过程中，每一名学生要敢于挑战教师的权威，勇于大胆地在群体内去展现自我，不要过于担心自己在学习上的失败。只要同学之间相互鼓励、积极互动，就会有利于培养学生的自尊心与群体凝聚力，在积极的课堂气氛的带动下，学生之间就会形成气氛融洽的团队氛围。总之，要学会让学生从内因的角度去考察事物本身，通过小群体之间交流合作改变群体成员间的关系，提升整个群体行为的变化过程，在心理学和社会学之间架起一座桥梁，逐渐使学生个体、班级群体和社会成员的关系得到改善。

2. 社会凝聚力理论

社会凝聚力理论认为，在教学中能够提升学生专业理论知识的原因是以社会人之间的凝聚力为纽带，以学生之间的相互合作获得彼此信任为基础，呈现出彼此互相帮助现象。社会凝聚力理论把小组内每个成员完成的自身目标作为小组整体目标，突出强调教学过程中每个学生都是小组内的重要载体，每一个成员都要为小组目标的达成做出自己的贡献，最后影响学生的学习效果及学生的主观能动性。从发展理论的角度出发，学生认知能力发展和社会性发展的提高都是需要通过同伴间的相互协作来完成的，对学生任务的分配也要做到因人而异，这样才会在最大层面上促进学生对于基本理论知识的掌握。

总之，在合作探究式教学模式教学中，个体对有关联的事情产生有效刺激和主动性越高，个体之间知识信息交流和形成就更有效和普遍，此时的个体动机水平明显高于非合作探究关系群体的行动水平。

3. 建构主义理论

建构主义理论最早是瑞士心理学家皮亚杰所提出的。建构主义理论主要包括课堂学习与教学两方面内容，认为学习者的认知程度是在已有的经验结构之上经过加工、创造、升华与变化的过程，不是知识简单地由表面向内在转移和传递的过程。说明学生接收新知识的方式不只是教师简单经验的传授，还要学生有意识主动建构知识的形式，教师的作用只是督促和引导学生在课堂上主动形成建构知识的意识，最终推动新知识经验的重新组合。这种学习方式为合作探究式教学模式提供了实践意义。如果在教学中通过设置一定的情境问题，让学生在情境中学会独立思考和自我管理，在自主建构新知识过程中独立与他人完成合作与探讨，学生自我知识建构就会变得更加具有全面性与合理性。所以无论何种教学模式的核心都要注重以学生为主体地位，注重教师为知识的传授者和指引者，而且这个认知过程始终强调学生主动去探索、发现和构建新知识，强调教师在教学过程中主动引导学生，不是以灌输式、机械化地让学生构建新知。

（二）合作探究式教学模式的要素

1. 合作探究式教学模式的指导思想

在素质教育的背景下，合作探究式教学模式遵循"主动参与、乐于探究、勤于动手"的指导思想，改变了传统教学复杂的"权威—服从"式师生关系，把"指导—参与"作为全新的师生关系。与传统教学模式相比存在着本质上的区别，重视教师的引领作用和学生的主体地位。通过合作与探究两种教学模式的优势融合，使学生获得更多的学习兴趣和学习动机，其独特的教学特点也真正做到贯彻学生德、智、体、美、劳全面发展。并且在教学活动过程中，教师会设置合理的问题情境，让学生收获正确的理念和认知，引导学生自主参与活动，通过小组之间合作探究问题的方法，打造出自由、和谐、愉快的教学氛围。

2. 合作探究式教学模式的教学目标

教学目标对合作探究式教学模式起到稳定性作用。例如教师对课前教案设计和整理、学生课前自主学习和交流、教学过程中对学生划分异质小组、教学结束后对课程过程进行总结等都要有明确的教学目标。而且，教学目标达成与否是验证教学质量的关键。因此，在大学体育专业网球普修课教学中运用合作探究式教学模式时制定以下教学目标：

（1）运动参与目标。通过合作探究式教学模式提高学生运动参与度，需要突出学生在教学中的主体性，培养学生乐于体育锻炼的兴趣和运动习惯，增强学生对网球的热爱和自觉参与锻炼的意识，使学生乐于参与其中。

（2）运动技能目标。通过合作探究式教学模式学习提高体育运动技术，需要使大部分学生掌握体育运动项目的基本理论和科学锻炼方法，能够熟练掌握体育运动项目基本的技术动作，为终身体育打下坚实基础。

（3）情感态度目标。通过合作探究式教学模式的学习提高学生情感态度，需要使学生学会主动去了解和探索学科知识，让学生形成积极的学习态度、正确的人生观，做到为社会源源不断提供负有社会责任感和使命感的合格公民。

（4）身体与心理健康目标。通过合作探究式教学模式的学习提高学生身体与心理健康，需要培养学生的创新创造精神和社会实践能力，不断增强学生坚持锻炼的意志品质，学会调节自身与他人的关系。

（5）社会适应性目标。通过合作探究式教学模式的学习提高学生社会适应性，需要培养学生的合作与探究意识能力，教会学生主动关心和爱护他人，学会实现个体的全面发展和维系群体目标的长效性。

3. 合作探究式教学模式的主要特点

（1）异质分组，科学合理。在合作探究式教学过程中，异质分组可以保证班级内小组成员分配合理性，科学地保证班级内每一个组别之间的差异均衡，形成小组成员之间分配理想化成为合作探究教学模式成功的基本条件，学生之间复杂的关系正需要这样的合理分配。

（2）分工明确，优势整合。在合作探究式教学过程中，分工明确可以把教师设置的教学任务合理地分配到小组每一个成员，通过彼此之间高效率的配合和沟通取得理想的效果。优势整合正是通过小组分工后共同努力，相互之间合作、探讨，激发学生积极参与教学活动，使小组成员之间形成很强的依赖性。

（3）角色转变，共同领导。在合作探究式教学过程中，角色转变可以让每一名同学都在小组内、整个班级内扮演着不同的角色，有的是合作者、有的探讨者、有的是领导者等。共同领导正是通过角色的转变和变化，让小组内每一个成员增加自身的责任感和主动性，形成一个不可分割的教学整体。

（4）公平竞争，互帮互助。在合作探究式教学过程中，公平竞争可以推动小组成员之间积极竞赛，让每一名同学知道合作加探究的重要性。正因为有这样的动力源泉，才会为未来青年一代步入社会奠定基础。互帮互助正是通过公平竞争来实现的，可以让个人努力和集体努力发挥出最大效果，彼此相互帮助展现的综合素质为共同教学任务的实现提供了可能。

（三）合作探究式教学模式的原则

教学原则在教学过程中是普遍意义的存在，是对整个教学过程客观规律的反映，是完成体育教学目标必须要遵循的基本条件，可以直接影响学生的学习效果。在大学网球运动教学中教师和学生合理地遵循体育教学原则，有利于完成体育教学目标和体育教学任务。

1. 启发性的原则

在教学过程中，教师要始终承认学生是学习活动主体，要积极引导和调动学生独立思考与探究科学知识，教会学生自主分析问题和掌握科学知识，提高树立求真意识和人文情怀。合作探究式教学模式的基本要求就是要发扬教学民主，强调教师的启发性作用，建立和谐民主的生生关系和师生关系。并在创设问题情境的基础之上，鼓励学生敢于质疑问题和有自己的独立见解；引发学生以小组合作的形式主动探究，注重学生的理解、领悟与融会贯通，让学生能动地获得新知，创造出融洽的民主教学氛围，激发学习的主动性，降低学习中产生的惰性，提高教学效率。

2. 巩固性的原则

在教学过程中，教师要有效地督促学生对所学知识和运动技能反复练习、巩固。在平时的教学中要经常对学生基本技能进行考核，通过考核取得的进步使学生提高学习的信心，更好促进学生对学习的兴趣和动机。合作探究式教学模式的教学目标就是让每一位学生的网球基本技术得到更好的提高。需要先在教学中要引导学生在理解基本知识、运动技能的基础上，通过小组之间自主的合作，共同探究问题，逐步地纠正、练习、巩固及完善，将掌握基本知识和运动技能牢固地保持在记忆中，达到熟练的程度。并建立正确的运动技术模型，以便在需要的时候能迅速、及时与准确地再现出来。

3. 循序渐进的原则

在教学过程中，教师要始终遵循体育运动项目的逻辑系统和学生认知发展的顺序进行教学，使学生系统地掌握运动理论知识和基本技术，形成一定的逻辑分析能力。人们认识任何事物和动作技能都是一个由简到繁、由易到难、阶段化、渐进性的过程，当然受到人体生理机制、逻辑思维、条件反射等制约。所以，任何事物和运动技能都要按照系统性进行学习，善于抓住事物主要矛盾和解决重点与难点关系。在运用合作探究式教学模式时，可以有效地深化教学内容、教学方法和运动负荷等，强调学生系统地、灵活地掌握理论知识与技术，注重学生获得科学的锻炼方法。

4. 因材施教的原则

在教学过程中，教师要根据学生的实际情况、个体差异与个性特点出发，针对不同类型学生进行有区别的教学，使每个学生都能够扬长避短、长善救失、得到全面的发展。在教学时每一名学生的能力水平与技术在不同的学习场合下表现是不一样的，此时就需要教师依靠自己的智慧和以往经验巧妙地设计因材施教的方法。运用合作探究式教学模式时，教师会重点观察与分析学生学习的特点，还会有意识、有目的地培养学习成绩差的同学，为不同水平的学生设计出不同的发展蓝图，而且在教学中更有针对性地选择适合自己的教学方式，注重学生学习的风格特征。

二、网球教学中合作探究式学习的应用

（一）网球教学中合作探究式学习应用的价值

结合合作探究式学习教学模式的种种优势，将其应用于大学网球教学中，在培养学生团队合作精神与竞争意识等方面具有重要作用，其主要价值具体如下：

第一，在大学体育网球教学中融入合作探究式学习教学模式对学生身体素质的影响。通过团队合作，指导学生科学地进行网球训练，对提升学生的下肢力量、弹跳能力等均有着促进意义；源于网球运动中用下肢进行支撑、制动与发力，对大学生的身体素质有一定的提高作用。

第二，在大学体育网球教学中融入合作探究式学习教学模式对学生网球技术水平的影响。运用合作探究式学习教学模式，以教学分组的形式，向学生传授教学内容，引导学生小组内部自主进行网球技术学习，对提高学生网球技术水平有着积极影响。在大学体育网球教学中采用合作探究式学习法进行教学，能够锻炼学生的自学能力，也有助于培养学生的合作技能，便于学生更好地掌握网球运动的重难点，不断提高自身的网球技术水平。

第三，在大学体育网球教学中融入合作探究式学习教学模式对学生交往能力的影响。通过开展小组合作学习活动，在锻炼学生人际交往能力方面起到了积极影响。首先，在学生小组中学生之间更容易建立沟通与交流；其次，处于明显竞争氛围下的学生愿意表现自我；最后，可以在合作中形成融洽的师生关系与同学关系，这样更有利于提高与他人交往能力。可见，合作探究式学习教学模式对学生的未来发展具有明显的提高作用。

综合而言，在大学体育网球教学中，利用合作探究式学习教学模式，能够有效培养学生的团队精神与竞争意识，从而更好地促进学生的发展。

（二）网球教学中合作探究式学习应用的策略

结合目前大学体育网球教学概况，考虑到在教学中融入合作学习教学模式的实际价值，现从如下方面提出具体的应用设想，以便有效提高教学成效。

1. 强化学生间的交流互动

在大学体育网球教学中，促进信息的交流与共享是采用合作探究式学习教学模式最为显著且直观的优势，也是其实践应用的突出体现。教师采用合作探究式学习教学模式，除去网球课的课堂学习时间外，也要充分调动学生的课下时间，合作完成课堂布置的学习任务，为学生之间的沟通交流提供机会。

例如，教师在传授学生网球技术技能知识时，有针对性地将学生分为课下学习小组，鼓励学生利用课下时间交流课堂学习心得。继而，通过一段时间的观察，如网球课程开展2周~3周左右，对学生进行第二次分组，帮助学生度过磨合期，以便更好地了解个人的能力素质与性格因素等情况。为提高小组合作成效，与学生进行沟通，发现学生多在学校的网球场、休闲区、食堂、宿舍、教室等场所进行网球技术技能与理论知识的交流，彼此交流所获取到的信息内容，长此以往能够确保学生更为深入地贯彻所学的学习内容，相较传统教学模式更有助于取得较佳的教学效果。

2. 营造良好的合作空间

教师在开展网球教学时融入合作探究式学习教学模式，能够确保学生自主参与到学习中去，提高学生合作积极性，达到展现学生主体性的目的。因此，在大学体育网球教学中，教师利用合作探究式学习教学模式来对学生进行教育指导，需要结合学生的个体差异性与身心特征，通过给予学生充足的时间与空间来引导学生自主参与网球合作活动，让学生感受到网球运动的乐趣所在，使其在实践练习中能够有效掌握好合作技能。

例如，在讲解网球截击球知识点时，教师会花费较少的时间来进行基本姿势的讲解，向全体学生讲授截击球技术的内容。转变以往课堂教学中教师占主导地位的教学观念，利用合作小组活动，将课堂的部分时间用在合作探究方面，指导学生自主参与到截击球的合作学习中去，营造良好的合作氛围。待学生有效掌握技术要点后，选出小组进行课堂演练，找出小组成员在实际学习里的误区，如存在拉拍时间不够、预判不及时、近身截击难处理等错误动作，再进行正确的动作示范。通过鼓励学生之间进行合作，学生在课堂学习时将更主动地投入，有助于更好地提高学生的主动探索与合作兴趣，从而实现网球运动技术的不断提升。

3. 做好日常练习的学生分组工作

为落实合作探究式学习教学模式应用于大学体育网球教学的目标，教师在进行网球教学时要从学校网球场地与班级学生组成等情况出发，科学划分小组成员，注重日常练习中学生分组工作的合理性。因此，在日常练习中对学生进行分组时，教师需要注意一些事项，主要包括：①教师要明确各小组成员的位置，如练习人员、检查人员等，安排小组成员相互检查来约束自我与他人。等到小组成员达到30个球左右的练习量后，各个成员可交换位置，以确保小组成员都能得到相应的锻炼。②教师可从小组自由组合方面来考虑学生分组。鼓励学生在分组前做好相互了解的准备，选择与自身运动能力、性格差异相匹配的团队成员，使得学生之间能够相互帮助学习。③教师要制定小组规章制度，选择一名备受学生推崇的小组组长，确保组长带领小组成员学习，形成互帮互助、团结友爱的小组学习氛围，指导学生朝着共同的目标进行有效合作。

例如，为促进学生高效掌握网球技能，教师组织学生进行多球练习，按学生的兴趣爱好、个性差异等实际情况合理划分学习小组，并尊重学生的意愿确定最终的小组成员。在小组合作练习中，首先要让学生进行基本的握拍、站位、挥拍等动作的预热练习；其次指导学生合作完成手抛球喂球练习、球拍送球喂球的练习任务。根据班级学生的人数，按5小组～8小组为单位，选出个人表现最佳且具有领导能力的学生作为各小组组长，带领其他学生进行多球练习。

需要强调的是，在具体练习过程中，教师要与各组组长进行密切沟通，让有一定球感的学生帮助一些球感较差的学生进行练习。强化学生判断落球点的意识，做到严格要求学生逐步提高击球次数、改变击球路线，使其在互帮互助中提高个人的技术水平。此外，待学生完成小组练习任务后，组织开展多球练习技术交流会与学习心得交流活动，促进小组成员之间及其与其他各个小组之间的交流，也有助于提高小组合作效率与合作质量。

4. 培养课外任务中学生的合作创新能力

在大学体育网球教学中融入合作探究式学习教学模式，不仅体现于网球教学课堂中，还能在完成课外任务中延续合作学习的作用。由于课堂教学时间相对有限，通过课堂教学并不能完全呈现一些复杂的教学内容。在每次完成教学活动后向学生布置课外任务，如步法练习、课程复习等，更有助于学生巩固理论知识。此外，由于网球动作练习的难度不一，仅仅通过短暂的课堂教学时间，不能有效促进学生的完全理解。引入合作学习教学模式，布置课外任务，对加强小组间的练习监督有着更为积极的作用。因此，教师在布置课外任务时，要综合各项教学要素，从教育角度的多样性出发，引导学生进行合作学习、练习，加深学生的学习印象，便于学生更好地掌握网球知识与相关技能，以提高学生的合作学习能力，同时也有助于激发学生的创新意识。

例如，在讲授网球的几种握拍方法时，课堂教学结束后及时给学生布置学习任务：开展网球握拍练习、组织学生观看网球比赛，并就任务的完成情况拟定后续学习计划，让学生在课外活动中加深对"东方式""西方式""大陆式"等网球握拍方法的印象。教师组织学生成立班级网球社团，借助竞赛来引导学生合作完成课外任务，帮助学生掌握主要的"东方式"握拍方法。待学生形成合作思维后，鼓励学生对合作学习方法进行创新，从学习合作延伸至生活合作层面。组织学生合作探究网球运动员在比赛中的惯用握拍方法，据此展开热烈讨论，使得学生在寓教于乐的学习氛围中合作完成任务，促进学生在相互合作与创新基础上提高学习效果。

第二节　网球的体验式教学模式分析

一、网球体验式教学模式的合理性

（一）与传统教学对比的优势

与传统教学相比，体验式教学在教学侧重点、教学途径、互动形式、教学程序、评价方式以及学习方式等方面均有所区别，具体而言主要体现在以下方面：

1. 教学侧重点的优势

在常规网球课的教学中一节课的重难点往往集中在本节课所要教学的知识与技能，而学生对教学内容所表现出的情感态度往往被忽视，参与课堂的积极性逐渐下降。反之，在体验式教学课堂中除教授学生知识与技能外，同时还需发挥教师的引导作用，通过创设相关情境激发学生对学习内容的兴趣。在体验中发现问题，在实践中解决问题，培养学生独立反思能力和解决实际问题能力，引导学生之间通过多交流合作，增进学生间的感情拉近彼此距离，提升教学效果。

2. 师生之间互动频率的优势

在传统教学中，互动方式是教师单纯对学生的知识输出，互动频率取决于教师主观对课堂进展的把握。换言之，传统教学模式下教师更多的是照顾多数学生能否掌握课程的教学内容，而对于少数未掌握技能的学生而言是相对孤立的，学生在学习上易产生极大的遵从性和盲从性，不利于学生批判和独立意识的建立。而在体验式网球教学中教师注重学生的主体性，留给学生更多体验学习的机会。学生在实践活动中通过感受、发现问题、反思与再次实践，不断建构属于自己的认知体系，使自身学习的能力不断得到提升。通过设置团建游戏，让每一个人都能够参与到集体中来，让学生以小组合作的方式进行组内、组间相互展示、沟通，并在体验中不断构建着自己的认知。教师通过创设情境、提供学生更多展示交流的平台支持学生在实践中探索反思，使学生学习"学会"变成学生"会学"。

3. 循环推进教学流程的优势

传统网球教学中的课堂多数采用先教学后答疑，教师为了便于组织管理将课堂大部分时间用于固定的技术动作讲解示范教学，而后再将剩余时间让学生进行练习与纠错。单向的"传递—接受"无疑将课堂氛围变得沉闷。而体验式教学注重在教法与学法上的改善创新，属于先体验后教学。教师为避免直接传授教学内容过于单调枯燥，通过创设与教学内容相关教学情境让学生先参与进来建立直观感受，或在课程中通过安排团队游戏来培养学生的团队意识和竞争意识，营造活跃且和睦的课堂气氛能够激发学生参与课堂学习的积极性，从而使学生自发参与形式多样的练习活动；学生的学习方式以探究为主问询为辅，学生通过亲身体验、观察反思、交流探讨多种形式来领会教学情境中所要传达的关键信息，进而掌握技术动作并提升自身的综合素质水平。

4. 学习评价方式的优势

传统网球教学较注重学生的成绩，偏重以学生的考勤和测试成绩来决定其网球课程的表现。因此，学生往往在学期末为了应试而练习，从而与课堂开设的最终目的背道而驰。体验式教学不仅以考勤和技术测评成绩为依据，还更多地根据学生上课表现采用教师点评、组内互评、组间互评等形式多样评价体系，重视学生综合能力的提升，强调学习过程和学习结果并重。

综上所述，体验式教学是在基于传统教学的基础上做出的更多尝试。由于受到多方面因素的影响，传统教学中教师往往更关注学生对知识与技能的掌握效果，教师在课堂中处于主导和控制地位，以教授规范化的知识与技能为主，重视学生在技能学习时的反馈。而在教学过程中学生间其他情感体验通常被弱化，课堂上师生之间仅维持在教学内容的"授—受"关系下，在课堂上的任务变得简单而单一，缺乏有效的交流沟通。而体验式网球教学坚持以学生为中心，教师发挥课程引导作用，在保障教学任务完成的同时注重师生之间与学生之间的交流互动。通过在课前、课中引入团建游戏激发学生参与网球课堂的兴趣，在学习知识与技能时引入多样的趣味辅助练习，教学中强调学生以亲身体验来学习并与搭档分享经验，解决问题，让课堂始终维持在活跃的氛围中，学习效果自然事半功倍。

（二）与体育教学的实践特点相吻合

体验式教学能否适用于网球教学，能否促进体育教学的开展，首先需要分析两者的含义，进而探寻两者间是否存在相关性。体育的概念（体育活动）是以身体练习为基本手段，以增强身体体质与提高运动技术水平，促进人的身心全面发展，丰富社会文化生活和促进精神文明为目的的一种有意识、有组织的社会活动。体育教学则是由师生共同参与，教师向学生传授知识与技能、增强其体质，培养道德、意志、品质等的教学过程。从上述的含义中我们可以发现，同体育教学如出一辙，网球教学是以学生亲身参与到教学活动中为前提，使其身体素质与技能得到提升，这是网球课区别于其他理论课的主要特征；但网球教学又不仅限于身体与技能的教育，在网球教学活动中还要培养学生坚韧、勇敢的意志品质与团结互助的精神，在实践中通过体验反思逐步达到情感认知层面的升华，这同样是网球教学不断进行改革与探索的方向。体验式教学是在引导学生亲身参与体验来提升其实践解决问题的能力，进而引发学习者知识与技能以及情感认知层面构建与发展的教学模式。

综上所述，网球体验式教学主要围绕两个层面进行：一是基于身体层面的体验，认为体验是一种实践行为，是学习者需要亲身经历的过程。由于人体是各器官系统构成的有机整体，所以身体的"体验"是人体最为直观的感受。二是精神层面的体验。人们在活动中身体通过各种感官来认识各种外部世界事物，通过大脑对事物之间各种因果关系进行思考，并伴随着各种情感体验，因此，内心体验就是在行为体验的认识基础上所发生的内化和升华的心理过程。体验式教学中师生进行的情境体验是由教师在教学前基于教学内容的重难点和学生特点基础上进行创设的，让学生通过练习、观察、独立思考、合作探讨进而达到自主构建知识的水平。因此，在理论层面上体验式教学能够基于体育教学亲历性的优势促进教学实践的开展。

（三）通过激发兴趣促进网球技术动作的学习

目前网球教学中多数技术动作的教学往往可以看成理论课中"记公式"的过程，理论课中学生记住公式后便开始在课后的练习题中不断地套用公式来完成解题过程，当教师结合新的题型时学生却无法及时的调用所学的公式；虽然网球课占据其独特的"亲历性"，但教学过程仍然需要让学生们记住"动作要领"，而后结合后续的练习任务强化技术动作，学生虽然看似掌握了技术动作，但遇到不同的实际环境时难以将所学的技术动作使用出来。

以网球选项课程为例，网球技术教学可以通过教师的精炼讲解配合动作示范让学生在脑海中建立动作表象，而后通过长期的练习让部分学生最终能够领悟技术动作。但对于大多数学生而言，合理的网球技术动作并不能仅依靠示范和练习就能够让学生理解并掌握的（例如各技术动作的动力链的顺序）。要求初学者在一开始就将所有的技术细节一次性全部做到位，显然是不现实的。过于强调某一点又会导致顾此失彼，让学生在击球时变得紧张，反倒造成欲速则不达的后果。所以，想要达到技术的巩固，首要条件是投入大量的学习与练习时间。但网球选修课却不具备该条件，在学校安排有限的课时内，想让学生主动地去学习领悟技术动作，先要做的就是把技术简单化，让学生能尽快上手，从而对运动项目产生兴趣，进而结合在体验练习时遇到的问题（重难点）去寻求解决办法。针对教学重难点则需要教师创设辅助教学情境等方式让学生去体验领悟，而这正与体验式教学的理念相吻合。体验式教学就是根据学生的认知特点及教学目标营造不同教学情境，引导学生在多次实践体验中寻找问题、自主建构知识、习得技能，通过观察交流合作等环节对自我认知反复进行提炼与完善的教学方式。因此，结合体验式教学的体育教学能够促进学生对技术动作的理解与掌握。

（四）符合当前大学生的发展需求

当前大学生身心渐趋成熟，体能和精力充沛，大脑思维敏捷，渴望接受新鲜事物，有较强的独立意识，具备一定的探索和创新能力。大学体育教学是学生系统接受体育教育的最后阶段，大学体育理念的出发点是引出一种愉快的人本体验，使学生在运动过程中除了掌握基本技术、发展体能素质外，在教学中寓教于乐，让学生感受到体育运动的魅力。

另外，以网球选修课为例，学生对网球运动的热情和期待性较高，希望更早地进入回合和进行比赛，因此，激发和维持学生对网球运动的兴趣相比固化的传授规范的技术动作更被需要；当前，社会处在知识和信息技术快速发展的时期，学生能够通过各种渠道查阅自己感兴趣的技术，仅依靠教师在课堂讲解示范已满足不了发展型学生的需要。因此，教师也需要与时俱进针对学生的需求、围绕教学的重难点进行教学情境的创设，让学生能够在课堂中学有所获。

体验式教学就是要根据学生的个体特征和需求，从学生已有的知识背景和生活经验出发进行教学情境的创设，注重以体验的方式来诱发和维持学生在课堂上的兴趣与动机，进而建构知识的过程。进行体验式教学时要注重教师的教法和学生的学法创新，符合学生的认知特点。学生活动是处于教师引导下的体验学习，让学生在创设的情境中体验、反思，而后通过交流讨论将知识加以完善后应用到实践中检验，如此循环反复不仅使知识得以巩固，并在互动之间使综合能力得以提高。

二、网球体验式教学模式的实施

（一）网球体验式教学模式的实施条件

不同的教学方式均有其自身的适用范围，此处笔者结合实践列出三点针对在体育课程中实施体验式教学所需满足的条件：

第一，基于教学内容重难点创设情境练习。在体育项目教学中通过直观讲解示范教学虽然可以让学生短暂记住技能的动作要领，但在实践操作练习中多数学生却常常顾此失彼。以网球上步关闭式正手击球为例，教师往往将其分解为"侧身、左腿上步、架起左手，右手向后拉拍，然后拍柄对准球、固定手腕、在身体前击球，击球时拍子要垂直于地面，在与前脚脚尖齐平的右前方挥拍击球，随挥、将拍子收到肩后"，其中还要特别强调"眼睛盯准球、转肩、顶胯、上半身保持稳定、重心随球往前、目视前方等"。这是正手击球动作教师要对学生讲解的"知识点"，但对于作为初学者的学生而言，看似简单的动作却要注意很多复杂的细节，他们不可能在一次短暂的击球过程中将所有的动作要领贯彻到位。所以，学生很难真正快速掌握这项技术，进而产生网球难学的认知。因此，针对上述问题，教师要做的是化繁为简，牢牢抓住教学重难点，借助易操作且与学习内容具有高度相似性的辅助练习进行导入，让学生从简单的技能开始逐步过渡到教学关键点，让学生从始至终都在教师引导下进行学练。由于教学过程环环相扣，提升了课程练习的密度，所以，根据课程重难点来设计体验辅助练习帮助学生，强化对运动技能的掌握是体育课中发挥体验式教学的必要形式。

第二，教学情境设置需符合学生最近发展区的水平。在体育课中情境创设主要考虑两个要素：一是本课所实施的教学方式能够让学生理解并接受；二是具有趣味性，能调动学生参与积极性。因此，情境的创设要符合学生的认知水平和能力水平。使得学生可以根据自身知识背景结合课堂情境引发新的思考，调动情绪，营造活跃的课堂教学氛围进而拉近师生之间与小组成员之间的距离，达到事半功倍的教学效果。例如，在进行网球反手挥拍击球动作教学时，学生可以选用挥动包裹拍套的球拍进行练习，或者学生也可以选用转体抛接篮球等重量适中的物体让学生更为直观地体验腰腹发力的感觉；在截击动作教学中为防止学生引拍过大，可以在学生的腋下放一根细棍，从而让学生通过实践体会到截击动作中手臂与身体同属一个整体的道理。

第三，教师需具备基本的课堂组织能力和专业知识。教师需要多和学生交流互动拉近师生距离，掌握学生的基本情况，根据学生的特点进行分组，对授课内容进行精简提炼避免过多讲解，创设互动性较强的情境调动课堂氛围。学生参与体验时及时引导学生，通过交流合作解决疑问，避免学生出现参与情绪低落的情况。

（二）网球体验式教学模式的实施方法

体验式教学开展的形式繁多，常见类型大致包括示范教学、情景模拟教学、角色模拟教学、游戏导入教学、多媒体演示教学、比赛教学等。体验式教学开展一节完整的课程有时需要多种教学形式来共同完成，但让学生切身参与的主基调不会动摇。由于网球教学本身就具备了亲身参与的特点，所以利用好这一点结合情绪情感体验达到教学目标是课程开展的关键。大学网球课程的基本目标是希望学生能够喜爱并熟练掌握课堂所学的运动技能，除达到强身健体目的外还能够养成终身体育锻炼的意识，培养坚韧不拔的品质。因此，结合体验式教学的网球课程开始部分的教学形式，除热身外主要以提高学生参与积极性为主，通过设置能够建立技能迁移辅助性练习，增进师生间感情的团建游戏，播放相关运动宣传视频等形式激发学生参与热情；在课程基本部分可以采用问题探究、合作讨论、模拟竞赛等方式在掌握知识与运动技能的同时锻炼学生独立思考与寻求合作解决问题的能力。

三、网球体验式教学模式的评价

当前，网球教学关注的重点是学生学习的过程以及结果，教师的教学要基于学生的学习而展开，因此，教师的教学效果主要依据学生的学习效果来评定。学生在学习过程中表现如何，在课堂中的收获成为衡量教学是否成功的标准。随着课堂教学质量不断提升，对课程教学的评价体系也在逐步改进。对体验式教学的评价主要从三个方面着手构建：即学生学习过程评价、学生学习效果评价以及教师教学效果评价；评价形式主要有学生自我评价、学生组内与组间互评、师生互评以及成绩考评。

学生学习过程评价主要取决于学生自身对课堂表现情况的直观感受，但缺乏具体的考评标准指导，因此需要教师帮助学生设定简单直观的参考标准。主要包含五个方面：①不做其他与课堂无关的事情；②组内集合能够及时到位；③组内展示敢于积极表现；④组内讨论能够提出大家认可存在的问题；⑤能够给予可行性较高的解决方法。学生按照此标准给予评分，之后学生按照以上标准来自评与他评。

从学生学习效果的角度去设计评价标准：一是对教学内容的掌握水平；二是情感态度的转变，对教学内容的掌握水平主要体现在对知识与技能的掌握程度，直观反映出来的方式则是课程成绩的考核。在教学活动中引导和强制都可以让学生参与到运动中来，教师实施的教学策略不同最终导致学生在活动中情感态度的体验也不尽相同，学生在教学中的主观情感指标涉及广泛内容，本文选取了学习态度、运动态度以及合作认知来进行研究。

教师的教学效果取决于学生的学习效果与教师的教学组织水平。教师的教学组织是围绕学生的学习活动而展开的，为了让学生能够有效地解决问题并从中有所收获，因此需要教师从六个方面去考虑设计教学：情境设计、教学内容、教学进度、课堂氛围、教学效果以及教学方法。因此在学期教学结束后让学生结合上述要素对本学期的课程进行问卷评价，是给予教师教学效果最直接的反馈。

第三节　快易网球教学模式的可行性

快易网球是目前较为先进的也是最适合网球初学者的教学理念体系，是以大球小场展开教学的开拓性举措。网球初学者使用大球（海绵球）其优点是容易控制，使用小场地的优点是能够减少击球力度。这样既控制了球，又节省了体力，同时随着来回数的增加，学生击球的回合数目也不断增加，学生们的学习兴趣被激发出来，自然就诞生了对网球的乐趣，使他们变成了真正的网球爱好者。

网球爱好者最重要的两种需求可以概括为快易和乐享。快易即是初学者能够以一种快速、有效、容易接受的方法来掌握网球的运动技能；乐享则是建立在快易基础之上，初学者在掌握了网球的基本技能之后，以游戏的方式来进行初学者的网球教学训练，初学者可以更容易地融入教学环境当中，并且能够参加适当的网球比赛以及活动并从中体验排名及其乐趣，同时使初学者在比赛和活动中提升网球运动水平以及灵活多变的打球思路。通过游戏教学的方式来培养初学者的学习兴趣，让学生充分感受自己才是课堂的主体，这样会方便学生更加积极主动地沉浸在学习网球的氛围当中，从而提高学生们的学习效果。

快易网球这种教学模式不重视学生技术动作的标准程度，而是通过改进相应的网球场地、球拍、器材以及使用不同种类的网球，使学生马上进入对打状态，获得乐趣，并使每一位学生都能获得成功的网球体验。

当前提倡的以学生为主导的教学方法，在快易网球教学过程中，得到了良好的体现，教师或教练员起到的只是一个组织者、激励者以及指导者的作用，真正主导网球运动教学课堂的是学生。快易网球最主要的特征就是改变球的大小与场地的尺寸，突破传统的打球环境。采取大球使初学者更轻松地击过球网，并且能进行多回合的击球来增加球感，同时增强对球的控制能力。小场地使初学者不需要大量跑动就能击打到球，有助于强化击球动作的稳定性。

在网球教学中，要想解决场地的缺失问题，就要改变场地的尺寸。场地尺寸变小，这会使初学者更容易击打到网球，从而降低了学习网球的难度，提高了学习技能，还可以提升初学者的对拉回合。另外，要在教学过程中使同学们能够控制住球，在此基础上再进行对打练习，建议使用重量轻、弹跳低、飞行速度慢的"三色球"进行教学。相比于传统教学中的网球，"三色球"因其飞行速度慢而且低气压使初学者更容易掌控，在掌握技术的基础上融合战术，使初学者的综合能力得到显著提升。改良的主要原因是要根据初学者的年龄特征来匹配与之相对应的网球及网球场地。初学者在标准的网球场地以及设备中，由于标准网球弹性过大，初学者无法承受这种负荷，导致学生不能掌握技巧，打不起回合，在整个教学过程中无法掌握到应学习的技术，而基本上都是在不断捡球。从而降低了初学者学习网球的积极性。另外，鉴于初学者无法掌握使用标准网球设备进行发球以及对打等技术的练习，而快易网球教学法在战术训练导向上要求参与者能够进行简单的对打，所倡导的本质是回归到网球游戏对抗。所以，这种新的教学方法实质上是要想被满足就需要进行改造。

需要强调的是，快易网球是针对初学者的一种教学方法。初学网球项目的专业学生班可采用快易网球教学方法，既降低了技术难度又增强学习兴趣，随着专业学生班技术水平的提升，会很快将传统与快易网球相结合。选修课程学生，以学习网球课程少、课时短、掌握该项运动基础技术、保持身体健康为特点，可将采用快易网球教学。

一、快易网球教学模式的可行性因素

随着经济的迅速的发展，我国网球运动受越来越多的年轻人的喜欢，目前网球在大学校园里非常受欢迎。

（一）快易网球教学的可行性的外因

第一，网球的客观环境为开展快易网球奠定了基础。当前，大学网球场地数量与网球人口数量不断增加，大学校园的网球氛围高涨。这为大学开展快易网球奠定了坚实的基础，也会促进快易网球的迅速发展与普及。

第二，经济的发展为开展快易网球提供物质基础。经济基础决定上层建筑，上层建筑反映经济基础，一项运动的新兴发展需要一定的经济做物质保障。2021年上半年国内生产总值532167亿元，按可比价格计算，同比增长12.7%，两年平均增长5.3%。其中，一季度同比增长18.3%，两年平均增长5.0%；二季度增长7.9%，两年平均增长5.5%。分产业看，上半年第一产业增加值28402亿元，同比增长7.8%，两年平均增长4.3%；第二产业增加值207154亿元，同比增长14.8%，两年平均增长6.1%；第三产业增加值296611亿元，同比增长11.8%，两年平均增长4.9%。物质经济作为基础，对快易网球的提高有很大帮助。

第三，教学改革为快易网球的开展提供有利机会。大学教学在学生整个人生中起着非常重要的作用，随着大学教学改革的不断深入，不断寻找最新的教学方法与手段，有效地进行教学的改革。快易网球的理念与教学方法、手段与教学改革的理念相一致，弥补了传统教学的缺点，改变教学方式以引导启发为主，以学生为中心，以学生为主体充分发挥主体作用。更重要的是快易网球具有趣味性、竞技性、娱乐性，增加学生对网球学习的兴趣，它本身采用的大球（低气压）、小场地使学生更容易地把球击打过去使得学生学习网球的自信心有所提高，这对学生身体和心理得到健康发展很有益处。根据高校教学改革的理念与手段方法，快易网球非常适用于高校网球教学中。

（二）快易网球教学的可行性的内因

1. 领导层对快易网球教学的积极态度

大学领导与网球教师对快易网球引进校园的积极态度。大学的院领导是各院系的管理者也是带领各院系的前进发展方向的执行者。要想把快易网球引进高校教学中必须有院系领导的赞同态度才能有实质性的进展。当前，多数领导对快易网球的引进投赞同票。首先，领导站在学生的角度认为快易网球符合学生的兴趣爱好，享受学习带来的快乐，激发学生对网球运动的热情，有助于学生在良好的环境中学习与交往。其次，领导站在教师的角度认为快易网球可以拓展知识层面、增加知识储备、提高科研水平，有助于教师更好地完成教学任务，同时提高教学质量。最后，领导站在管理层角度认为快易网球是创新型的教学模式，是对传统教学的优化与改革，符合高校教育教学发展方向。

在体育教学中体育教师是学校的教育者，他们既是体育科学的专家，又是教育教学工作的承担者，传授体育知识与体育技能的重要角色。所以网球教师对快易网球的态度是快易网球发展的关键因素。网球教师对快易网球引进表示赞同的原因主要有以下方面：

（1）快易网球改变了传统网球教学的主体。以教师为中心的传授教学方法改变为学生为主体教师为辅助的引导式教学方法，抓住学生在课堂上的心理变化所采取的不同手段调整学生的积极性，有利于学生对网球学习兴趣的培养，为终身体育奠定良好基础，有助于学生学习网球技术的快速提高，同时也加深学生对网球与快易网球的理解。

（2）一定程度上缓解气候变化造成场地资源的匮乏，提高场地的运用率。由于快易网球可以根据上课人数来增加或减少制定场地的数量及大小，可变性较强的特点会使更多的学生能打上球。

（3）快易网球把技术动作的难点进行分化与简单化的处理，降低学习难度，让学生更简单、更明确地理解网球技术动作，使学生短时间内掌握全部技术要领，这样有助于教师完成教学目标，并提高教学质量。

（4）丰富校园网球文化。对于网球教师而言，快易网球的引进是对校园网球无形的传播，它让每名学生与教师亲身感受网球文化的魅力与益处，让更多的学生、教师走向网球场地并且感受网球带来的乐趣。

2. 学生对快易网球的认可和支持

兴趣是人力求认知事物和从事某项活动的意识倾向，对某种事物、某项活动的选择态度和积极的情绪反应，是学习知识与技能的原动力。快易网球所采取的是根据场上人员制定场地大小，使用的球为低气压球，是较大的海绵球，球的弹性小、操控性较强、球速慢，可增加抽球的回合数量，这使学生学习网球技术的自信心会有所加强，更容易、更标准、更全面地学会网球基本动作，达到优美化，逐渐打下扎实的基本功。

快易网球的与众不同之处在于竞争与合作。网球作为竞技运动之一，每得一分都需要激烈的比拼，这就要求运动员在场上保持理智。快易网球主张学生多参加网球比赛，在赛场上去发现自己的短板，刺激学生主动地刻苦练习。快易网球在日常训练课中能充分发挥同学间的团结合作，相互鼓励。在训练中只需要提高他们网球技术水平，不必担心为得分而打球或因失误而丢面子丧失信心，不愿意参加比赛。快易网球紧紧地把竞争与合作关联起来的同时不失雅兴、友谊，最终目标是提高学生网球水平。

体育项目都具有一定的健身价值，多数枯燥乏味，如：中长跑、武术、太极拳等。快易网球是无氧与有氧交替进行的运动，提高机体的爆发力、速度、力量、协调性等综合素质。长时间的训练或比赛使机体能量被大量地消耗，不仅达到健身减肥的功效，还能达到塑身，提高眼、脚、手的协调配合能力与灵敏性。

3. 大学网球课时与对场地的需求

（1）大学网球课时安排紧张，需要快易网球的出现。目前我国各大学努力打造一流学科，来提高学术水平与教学水平。相对于大学生各学科的学习压力不断增加，网球选修课与必修课程却缩减。然而，快易网球教学方式的短程化特点完美化解高校教学课程紧张现象。解决网球课时安排紧张的问题正符合快易网球的教学特点，具体如下：

第一，快易网球从字面上来理解"快"是快速、在最短的时间内完成的意思，这与大学网球课程安排的课时较少这一特征相吻合，而快易网球是让学生在最短的教学课时内达到一定的水平。"易"是容易、简单的意思，这与网球技术较难相对立：解决学生难以掌握的技术动作，教师对较难的基础技术进行分解或进行简便的处理，确保学生准确做出基本技术动作，保障学生技术水平在同等水平面上。

第二，快易网球出现的初衷。它的出现是解决社会一部分人想在短期内学会打网球，这与我国各大学网球课程现状相符合，因为教育服务于社会，适用于社会的教学模式同样也适用于学校教育。

（2）大学场地不能满足教学需求，同样需要利用快易网球的节约用地的优势进行解决。大学的体育教学设施是构成体育教学环境的主要环境因素，同时也是体育教学活动赖以生存的物质基础，学校体育教学设施主要包括场地、器材等。充足场地资源是一个学校进行体育活动与实践教学活动的重要保障。一个学校教学场地资源的匮乏会直接导致教学质量下滑，而解决该问题对于培养学生终身体育的价值观，使学生身心发展都有重要的现实意义。

当前，部分大学的网球场地、教学设备、教学用球的紧缺现象严重。造成场地使用紧张的主要因素有两点：第一，受季节天气影响所导致的室外网球场地无法使用，而室内网球场馆的过少，导致教学场地不能满足教学需求；第二，网球运动受大学生的喜爱，参与网球运动的人数增加，使原有的场馆、器材造成资源短缺。所以，快易网球的出现，可以更有效缓解场馆紧张带来的教学压力，它可以把一片标准的网球场地划分为4个~6个小型网球场地，充分地利用教学资源。

4. 提高网球课的教学质量和学生综合素质

（1）快易网球有利于提高大学网球课的教学质量。传统网球教学法是教师先进行动作技术的示范与讲解，把技术动作拆分成多个小单元并指导学生进行练习，达到动作技术的自动化阶段体现出教学的目标。首先，在进行练习过程中教师会安排大量的重复单一的标准技术动作，主要以徒手训练为主来掌握技术；其次，进行大负荷、高强度、枯燥乏味、形式单一的排队式多球训练。传统教学方式主要采用以教师为中心的注入式教学手段，学生长期处于被动学习，不利于师生之间的交流与沟通，难以了解每个学生的兴趣爱好特点以及求知的欲望。教师只按照教学流程进行上课、指导、总结完成教学任务。

快易网球教学方法是充分利用器材的多样化所采用的不同种类气压球（红、橙、黄），通过改变网球的规格、场地由大到小、再由小到大的过程来辅助教学，并且根据十步教学步骤开展教学，能使初学者短期内、高效地掌握网球基本技术动作的教学方法。在教学过程中以学生为主体、采取启发式教学手段，在教学过程中教师依据学生的身心发展特点进行因材施教、循循善诱、逐步深入的教学，可以使领悟能力较差学生获得最大的进步。同时快易网球可根据教学人数的多少来规划场地的片数，具有灵活多样性，让更多的学生同时打球学习技术。

综上所述，与传统教学模式相比较，快易网球在教学教法上都符合大学教学方针，与课程改革理念相一致：①在快易网球教学过程中，充分利用有限的教学资源，主要体现在合理地把学生积极性调动起来，以保证学生在教学活动中的主体地位，是提高教学质量的表现之一，达到发现问题、解决问题的目的；②在快易网球教学过程中，教师往往会根据初学者的技术水平、年龄层次、身体条件等，选择一些简易的动作让学生对动作的理解更容易，这是教学质量提高的表现。

（2）有利于提高学生的综合素质。具体如下：

第一，增强学生自信心。快易网球合作训练的教学模式，使每个学生都能在合作中打球。这种教学模式所产生的氛围能使学生全身心地沉浸在技术训练中，充分激发自身潜能的同时，快易网球还有利于学生增强自信心。自身的进步是自信心获得的源头之一，快易网球意味着学生能够更快更容易地掌握网球技术，取得进步，这使得学生能够迅速地增强学好网球的自信心。自信心增强也会激发学生对网球的兴趣与热情，从而反推网球的教学。

第二，利于学生个性化发展。教育的意义就在于让被教育者充分发挥自身潜能，获取能力，取得更好的发展。快易网球的核心理念之一便正是如此——在统一基本教学基础上以学生实际的身体素质等情况出发实施个性化的教学，使每一个学生都尽可能多地获得网球技术，并扬长避短，获得各自的最佳发展，可见快易网球可以实现学生的身心个性化发展。个性化的教学方法效果好，效率高，具有巨大优势。

第三，增强学生自主学习能力。兴趣是最好的教师，这句话说明倘若学生自己有兴趣，则学生会主动深入学习，并且学习效率会更高，也就是兴趣会提高学生的自主学习能力。鼓励和引导学生的兴趣是快易网球的一大特点，这提高了学生学习的主动性，同时也使学生能够在网球技术学习中提高自身的学习能力。

第三，促进终身体育教育。快易网球可以激发学生体育兴趣，丰富校园文化，可以使学校文化气息更浓，有助于教师和学生在学习中有一个美好的环境，激发学生学习体育的兴趣可以使学生热爱体育运动，为实现终身体育打好基础。

二、"快易网球"教学模式的可行性发展对策
（一）加大快易网球的宣传力度

应从推广与宣传开始加大个体对快易网球的认知程度及参与度的提高，使快易网球的特点、对球的选择、场地变化、益处以及发展方向被大众所熟知与认可，把其教学理念与方法手段带入到网球课堂中去，会对提高我国大学网球的教学质量与效益有非常大的作用。加大快易网球的宣传力度，应采用科学的、实效的手段，让学生与群众亲身感受快易网球带来的好处来提高对它的认知度，充分利用网球协会、大学网球队伍、各大网球俱乐部等的推进发展。

首先，学院积极组织校园网球运动文化学习活动，充分利用社团的协作合作共同举办网球联赛或者开展快易网球兴趣培训班，吸引更多初学者，来带动高校网球爱好者之间的相互交流，使更多的人主动了解快易网球，增加网球运动人数并提高爱好者的参与度；其次，各所大学可以设立快易网球实验班，在教学实践中发现快易网球所带来的益处，使快易网球的推广具有更

大程度上的说服力；最后，可以让使用快易网球学习方法的学生进行比赛表演，让学生们感觉到网球所带来的魅力，让他们也很轻松地学会打网球，也有机会参加各大比赛，感受运动场上不一样的自己。

（二）合理调整课程结构

教师在教学过程当中严格遵照教学大纲进行教学，由于受教育者的情况不同，使所教授的内容和教学目标具有很大的差异，为达到教学目标与完成教学任务教师可能会出现教学速度过快的现象。快易网球的出现合理地对教学课程结构做出有效的调节，它使用各种教学器材灵活教学手段提高教学课程结构。网球运动的技术要求与入门难度较高，因此，对网球课程的安排与教学方法要有一定的技巧，要符合教育方针和教学原则，从学生的身心发展角度出发提高学生对网球运动的热情。教师灵活运用教学方法与手段，实现对课程的内容及课程结构的调整，找到符合学生身心发展规律，根据教学原则应从学生的特点入手抓住学生特点对症下药；采取新颖的教学理念、把创新型的教学方法运用到高校网球课上，进而提高教学质量，同时让更多的网球初学者通过快易网球的教学来提升学生对网球的热情，使之更加热爱网球运动。

（三）加强大学重视程度

快易网球的推广过程中从事教育教学及网球科研等相关领导的重视程度是决定性的因素。网球教学过程的改革与创新的道路上不是一帆风顺的，因此，大学院校相关领导应透彻地正确认识教学新课改应面对的机会与挑战，这就要求领导对网球课程中教学方法的全新改革有正确认识与全面思考。

首先，提高领导对快易网球的重视程度，为教师提供更多的教学培训机会和外出学习机会，让教师把握所学的教学方法与手段，最新型的教学理念，更好地为网球教育事业的发展提供帮助与服务。网球教师自我修养是提高课程教学质量的重要因素之一，应该充分利用教学的创新意识、思维来准确把握网球运动的发展方向，在此基础上创造网球课程的挖掘条件。

其次，教学经费的投入在决定快易网球教学能否走进大学网球课堂中起着决定性的作用，首要的是网球场地及相关配套设施的完善，增加球的种类以及教学辅助器材的引进。需要强调的是，只有提高相关领导对快易网球的重视程度才会提高发展师资力量和网球教学经费的投入。

（四）有效提升师资力量

因为学生是发展中的人、是独立的人、多样性的人，教师在教学过程中要充分发挥学生的主体作用，充分发挥学生的多样性并进行积极的指导、培养学生的团结协作、独立自主、主动探索的新型学习方式。这就要求课堂教学具有灵活性、引导性，来改变教师原有的旧观念和不正确的教学行为。学校必须组织开展一定程度上的参与性学习和研究性学习，以培养教师创新能力，始终贯彻以人为本的教学原则。

教师专业基础素养的提高是十分重要的，尤其是网球教师，在培养学生中必须结合自身的元认知水平和已有的知识构架。科学技术水平飞速发展就要求教师必须要有终身学习的意识，不断学习新的知识理念、不断提高自身的教学水平。教师要结合自身的教学水平、知识水平从而选取最经济、最高效的教学手段来培养学生学习网球技术，培养兴趣爱好。在平时教学中，教师往往以单独的技术提高、单一多次重复训练为主，在教学中容易忽视对学生兴趣的培养以及多元的、综合的手段训练。出现这种不科学的教育现象的原因主要是受传统教学思想的束缚，因此，各大学需要从有教育权威的网球俱乐部聘请专职的快易网球教练员，对教师进行快易网球教学方法培训。为此，加大师资力量，培养知识文化创新意识，对资源配置的再次分配优化是提高教学质量的重要保证。

（五）增加快易网球资料储备

要把快易网球引进各个大学的网球课堂教学中，关注快易网球资料是不可缺少的一部分。加大快易网球资料的储备，首先，要求大学定期采购或订阅一些网球杂志、优秀的硕博文章等，通过这些资料，可以使学生和教师对网球的国际大赛、网球礼仪、网球运动发展的趋势、网球教学的理念更新传播等有深入了解。这些书籍文献不仅可以让教师和学生掌握网球技术方面的知识，还可以拓宽网球知识的广度，能够帮助教师在潜移默化的影响下更新知识储备，让教师把所更新的知识传授给学生。其次，大学需要选购快易网球教学方法教材、网球教学教材、快易网球教学器材选用书籍。这有利于网球教师的学习，可以使教师从书籍中了解国内外一些高水平教练员是如何进行快易网球教学的。

第四节　任务式网球教学及其评价

要想提高体育教学的质量，就必须要认识到学生的作用，以学生为教学的主体。教师应该转变教学理念，不能将自己当作体育课堂上的绝对权威，而是要成为课堂的引导者，引导学生积极参与体育活动，激发其主体性。任务式教学意在改变传统的教学方式，把课堂还给学生，留出广阔的活动空间和自由度。很明显，任务式教学是可以体现学生主体性的一种教学模式。此外，在学生学习过程中，虽然教师能对其进行必要的指导，但是，学习毕竟是学生的本职工作，其应该成为学习活动的主导，这就要求教师要教会学生自我学习，而不单纯是教学生学习。

一、任务式网球教学的特性

（一）课堂探究强调学生的主动性

对于学生而言，过去是教师"要我学"，而现在是"我要学"。任务式教学也同样强调学生学习的主动性，因此，就这一点而言，任务式教学是符合现代教学要求的。这给教师提出了要求，要求教师必须要为学生创设一个和谐、愉快的学习环境，积极引导学生的学习行为，激发其学习积极性，从而使其可以主动学习。但是需要指出的是，要提高学生的学习主动性并不容易，这要求教师在设置任务时要进行慎重考量，任务在难度上要有层次，以满足不同学生的学习需求，坚定学生学习的信心。教师还要鼓励学生思考、提问，学习就是不断发现问题、解决问题的过程，学生勇于提问就是其学习主动性发挥的第一步。

（二）任务安排体现差异性

每个学生成长的环境不一样，教育背景也不一样，这使其在认知水平、思维方式以及学习风格等层面上存在显著差异，最终的学习结果也会不一样。在任务式教学中，教师只是布置任务，而具体的任务探究部分则主要靠学生自己实现。但由于每个学生看问题的角度、学习能力存在差异，所以其完成任务的程度也是不一样的。不过，无论学生完成任务的程度如何，任务式教学的关键都是要让学生在探究过程中体会学习的乐趣，培养自己的学习习惯，形成自己学习风格，只要最后学生能有所收获，其任务探究就算成功了。

（三）教法思路突出实践性

任务式教学是学生可以进行创造性实践活动的过程，它并不重视学生最终的探究结果，而是比较看重学生完成任务的过程。学生在任务探究过程中是否找到了适合自己的学习方式，是否激发了自己的创造性思维，是否能与教师、学生完成良好的互动，这些才是任务式教学关注的重点。而重视过程就是重视任务探究的实践，从实践出发，才能让学生体会到学习的真谛，愿意学习。

二、任务式网球教学的组织

（一）任务式网球教学的组织原则

1. 自主性的原则

在任务式网球教学中，学生要在学习上有充分的自由，这就要求教学场所不能局限于课堂，教师要积极引导学生在课堂之外开展网球学习实践活动，因为大量的训练是提升学生网球技术的关键。在教学过程中，教师除了规范学生的技术动作，同时还要让学生进行独立思考，以使其找到解决某些技战术问题的独特方式。任务式网球教学强调学生的主动参与，可见，学生在教学中处于主体地位，因此，学生就应该好好发挥自己的主体作用，主动完成教师布置的任务，开展自主学习活动，从而使自己真正成为学习的主人。

2. 活动性的原则

网球学习固然要进行理论知识的学习，但是实践才是学生网球水平提高的关键，这就要求教师在网球教学设计上侧重实践设计，只有在实践活动中动手、动脑，学生的理论才能得以深化。任务探究可以由一人完成，也可以由几个人以小组的形式完成，但无论使用何种形式，每个学生都必须参与到活动中来，这是教学活动性原则的要求。

3. 公平激励的原则

学生在完成任务的过程中不可避免地会产生一些问题，当这种情况发生时，教师没有必要立即就告诉学生问题的答案，而是先对其进行引导，指引其自己找到答案，当学生经过任务探究找到正确答案时，教师要给予其必要的鼓励。当然，每个学生的学习水平与能力并不相同，所以教师应该清楚的是，学生任务完成的程度肯定也会不同，对于任务完成程度较低的学生，教师要耐心引导，给予其适当的鼓励。

4. 主体性的原则

任务式网球教学有一个比较核心的思想，那就是要以学生为主体，让学生主动完成教师布置的任务。教师是整个任务的设计者与示范者，但在学生进行任务探究的过程中，教师还应充当辅助者的角色，学生遇到问题给予及时指导，学生产生困惑时给予恰当鼓励。总而言之，教师不能越俎代庖，学生才是任务式教学的主体，他们关乎着任务式教学的质量。

（二）任务式网球教学的组织形式

1. 个人学习型

在任务式网球教学中个人学习又可称单兵行动。个人学习是任务式网球教学组织的最基本的形式，它的优点是可以根据每个人的能力和特点进行不同的教学活动，发挥个人最大的潜能，而且组织方便，不用通过烦琐组织调动，因为学生原来就是以个体的形式存在着。例如，在网球发球教学中，学生以个人参与的形式去完成任务，教师也方便于"一对一"地进行个别指导、纠正。这种教学适用于只有教师和学生直接联系，学生与学生之间无任何联系，但由于效率低、不适应任务式教学普及的需要。

2. 小组学习型

小组合作学习可以直接有效地解决教师面临大班级授课制的问题，同时，也符合课程改革学习方式的要求。教师把所有学生平均分成几个小组，让学生以小组的形式开展学习活动。小组合作学习由于是几个人共同探究同一问题的过程，所以从这个方面上来看，它将班级教学的特点保留了下来。同时，教师通过向不同的小组分配不同的任务，可在一定程度上解决因材施教的问题。根据不同的任务式教学内容采用不同的分组形式，一般有以下分组方案：

（1）性别分组教学。男女学生在生理与心理发展上有着明显的差异，教师可根据这一差异进行性别分组教学。这一教学形式既兼顾了男生与女生的各项指标不同，同时还能使教师的特长真正发挥出来。

（2）体能分组教学。体能主要指学生的身体素质与运动动力，不同学生在这两方面差异明显，因此，教师可根据学生在体能上的差异进行体能分组教学。这种教学形式具有很强的针对性，同时由于每组同学的体能又处在同一水平，这又让教学的实施具有一定的灵活性。值得注意的是，体能分组教学可以是临时的，也可以是固定的，具体的情况应该由教师根据教学需要决定。

（3）技术分组教学。根据学生对某一技术完成的程度进行分组。基于学生掌握技术动作的能力与水平的不同，教师可以进行技术分组教学。这种教学方式在像体能分组教学一样具有针对性与灵活性的同时，还具有一定的实效性。主要是针对学生对教材内容掌握的不同程度来分的，分为初步掌握阶段小组、泛化阶段小组、巩固提高阶段小组。

（4）兴趣分组教学。每个学生的兴趣会有差异，因此教师可根据这一点对学生进行兴趣分组教学。按照兴趣分组教学方式的目的是提高教学质量，并充分利用学校现有场地和器材，它的特点是有利于培养学生个性，发挥特长。例如，在提升学生腿部力量的教学中，教师可为学生提供多样的训练方法，立定跳远、跳台阶、跳绳等，学生可以根据自己的兴趣自行选择。

（5）友伴群体分组教学。教师可以让学生自己选择想要编在同一组的同伴，这时他们往往会选择与自己在生活中关系较为亲密的同学编在同一组，这种分组方式就是友伴群体分组教学。采用这种教学方法，学生没有心理压力，并能得到友情的支持，可以提高学生的学习热情，使每一个学生都能体验到网球活动的乐趣。例如，当一个不会打网球的学生身处一个友伴群体中，其他会打网球的同伴就会热情地帮助他学习网球，其也会身心放松地与其他同伴一起运动。

（6）随机分组教学。依据某一种特定方法对学生进行分组，这就是随机分组。随机分组由于存在一定的偶然性和不确定性，在没有产生随机小组前，学生们都无法猜到自己将与谁分在一组，内心产生好奇、紧迫的心理反应，激发了学生学习的兴趣。同时，随机分组具有一定的公平性，常在完成竞争、游戏任务时采用。一般采取随机报数、教师随机分组、借物分组等。例如，在公开课上，教师将事先准备好四种颜色的布条散落在场地四周，让每一位学生以最快速度找到一条布条，并按照布条的颜色排队，然后分为四组进行教学。

3. 混合学习型

当前的网球教学组织形式并不单一，但主要还是以"全班统一学习"为主，其他形式并不为教师经常使用，因为其很难满足课程标准倡导的"三多三少"：①多练习少讲解；②多引导少灌输；③多赏识少批评。解决这一问题的总对策是要尽量增加个人学习和小组学习的比重。而在任务式教学中采用"先个人后小组"方式，正是基于两者之间。在教师提出任务以后，可以留出一段时间让学生独立思考，或让学生自己动手练习，然后再让学生按小组进行活动。采用这种方式，能使绝大多数学生获得思维训练、实践尝试的机会。

三、任务式网球教学的实施

（一）任务式网球教学的实施阶段

1. 引入任务的阶段

（1）引入任务阶段最重要的环节就是功能的引入，教师在此阶段应当确立明确的教学目标及方向，完成课前情境的导入。

（2）引入任务阶段对教师提出了较高的要求，教师活动应当注意以下三个方面：其一，教师应当结合学生的实际情况，选择符合学生认知能力并且满足学生需求的教学内容，重点把握网球课程的重难点；其二，为课堂教学活动的开展奠定基础，设置有趣的情景话题，激发学生的学习兴趣，进而帮助教师完成任务的下达；其三，将体育教学的目标逐步转化为多元化、专业化的任务式教学目标，从而提高教师的教学质量和教学效果。

（3）引入任务阶段还需要学生的配合，学生活动主要包括以下两方面的内容：其一，认真完成教师布置的各项任务，配合教师完成相应的教学内容；其二，保持端正的学习态度以及积极向上的情感，让自己更快地融入课堂中。

2. 执行任务的阶段

（1）执行任务阶段是任务式教学实施阶段中的核心，此阶段更强调互动、探索、实践的重要性。

（2）对于教师而言，教师活动主要包括以下五方面的内容：其一，依据引入任务阶段所确立的教学目标和方向，选择最合适的教学方法以及教学形式，引导学生完成自主讨论、实践探究、自主学习等一系列的教学活动；其二，在教学开展过程中，教师应当正确引导学生，对学生的操作、交流、学习进行指导，发现学生所存在的问题并及时指正；其三，帮助学生解决学习中所遇到的问题，消除学生的顾虑；其四，了解学生的学习进度及任务完成情况，掌握学生的整体学习水平；其五，鼓励并组织学生开展学习总结、经验共享活动，对学生的表现加以点评。

（3）在执行任务阶段，学生需要完成以下工作内容：其一，养成独立思考、自主学习的好习惯，分析并完成教师下达的各项任务；其二，针对不同的教学活动，学生应当采用不同的学习方式，当学生面对小组讨论、经验交流、小组协作等教学活动时，应当敢于发表自己的观点，虚心学习他人的观点，在沟通交流中，不断丰富自我、完善自我；其三，当其他学生遇到问题时，应主动帮助，实现共同进步、共同成长的目标；其四，当学习中遇到困难时，主动向同学或教师寻求帮助，及时发现问题并加以解决；其五，学生需要对当天所学内容进行总结、交流，深入理解所学的内容。

3. 应用总结的阶段

（1）应用总结阶段是任务式教学的最后一个阶段，此阶段的功能主要是实践创新、理论建构。

（2）教师在应用总结阶段主要完成以下工作：其一，不断进行诊断性练习，加强练习的目的是更快地发现学生存在的问题，并给予指导性的意见；其二，开展展示性练习，以检测学生的学习及练习情况；其三，针对表现较为突出的学生，教师应当要求他们进行发展性练习，进一步提升其专业水平；其四，建立完善的评价体系，客观评价学生的学习情况。

（3）对于学生而言，应用总结阶段应当完成以下四项基本活动：其一，完成基础性练习，培养扎实的基本功和专业素养；其二，认真对待展示性练习，学生应独立完成此项练习；其三，结合自身的实际情况，在学有余力的情况下，可以选择发展性练习；其四，客观评价同学的表现，从专业水平、学习态度、整体表现等方面做出评价。

（二）任务式网球教学的实施策略

1. 创设情境，明确教学任务

实施任务式教学，教师要为学生创设相关情境，最好情境要与学生的生活环境、知识背景密切相关。情境认识理论已经证实了生活情境的重要性，认为它是知识经验建构最为可靠的沃土，为知识经验的形成与发展提供活力。

兴趣与动机的关系紧密，学习兴趣已经成为学习动机的一部分，成为激发学生学习欲望的一种重要推动力。所以，教师在进行课前导入环节时，必须要做好教学情境的创设工作，也就是说，要通过生动、活泼的情境让学生产生强烈的求知欲望。教师可以将每一个任务都隐藏在情境中，学生在情境中学习就能明确网球教学的任务。

2. 教师点拨，分析教学任务

每个学习者生长的环境不同，这让他们构建出了属于自己的经验世界，同时也使其看待问题的角度与别人产生了差异。因此，教师要设计一些难易程度不同的任务，先让学生尝试练习一下，这样他们就能对任务有基本的了解，从而帮助其选择适合自己的方法去分析、完成任务。由于每个学生的网球水平并不相同，教师不应采取统一的教学，可依据学生的网球水平进行分组，对不同小组提出不同的要求，让小组各成员齐心协力完成任务。而且在小组探究、讨论的过程中，学生们还能了解其他同伴对问题的看法，进而不断丰富自己解决问题的方法体系。教师对学生看法难免会存在一定的偏颇，这就要求教师能在学生进行任务探究的过程中发挥主导作用，当学生遇到问题时，可以对其进行适当点拨。

而当学生任务探究结束进行成果阐述时，教师应该多鼓励，以亲切的话语重点强调学生成果的优势所在，增强学生的自信心。而对于学生在任务活动时出现失败，教师则应采用反思纠正等方式对学生加以引导，使其可以认识到自己在某一问题上的不足，从而调整自己的学习计划与方法。

3. 师生互动，解决教学任务

在学生解决任务的过程中，教师也可以参与进来，积极引导学生的思路，对其提出的问题进行必要的指导。不过，教师应该注意掌握引导的度，以不影响学生的独立思考为准。学生要想进行有效的学习，必要的探究活动是非常重要的。在解决问题的过程中，学生要充分将自己的创造性调动出来，再结合自己所掌握的知识经验，从而对问题进行具体的分析，以找到解决问题的最佳方案。可见，学生探究、解决问题的过程其实也是学生不断进行知识结构体系建构的过程。

因此，教师应该注意的是，设计的任务应能够激发学生的创造性思维，能给予其较大的思考空间。任务最好还能具有一定的挑战性，这样学生对问题就会报以比较大的好奇心，愿意主动去探究、解决问题。

4. 多元评价，反思教学任务

人们能在一件事情上体验到一次成功的喜悦，其就会获得继续做这件事的信心。每个学生的个人潜能是不同的，这种差异不仅体现在量上，而且还体现在质上，最重要的是，他们在潜力发挥的程度上也表现出了明显的差异。因此，教师需要在每一节网球课上，都要基于学生的知识掌握情况与训练水平情况对其做出客观评价。这不仅能让学生的个性得到发展，而且还可以使其在了解自身优势与不足的前提下提高网球运动技术和水平。

例如，网球教学的耐久跑测试时，学生已经尽了自己最大的努力跑完全程，但由于自身体质薄弱因素，成绩不是很理想。这时，教师不能仅仅看到学生跑步所用时间，而要看到他的态度是否端正。总之，教师在进行具体"任务"设计时，要注意统筹兼顾，尽可能将所有的知识点都包括进来，还要考虑学生的学习需求，从而为学生设计出一套全面的"任务"，使学生在探究任务的过程中扎实掌握知识，提高技能水平。

四、任务式网球教学的评价

（一）任务式网球教学的评价原则

任务式网球教学评价作为网球教学过程中必不可少的环节之一，不仅能够客观反映教学情况，还能够进一步保证网球教学的专业性、科学性，因此，任务式网球教学评价应当秉持以下基本原则：

其一，客观性原则。教学评价应当保证其客观性，绝不能够带有主观色彩，应从全方位、多角度对网球教学进行评价。

其二，指导性选择。教学评价活动开展的目的是提升学生的专业水平，发现学生存在的问题并及时指出，给予学生适当的鼓励，提出的意见必须具备一定的说服力。

其三，人文性选择。任务式网球教学评价应当逐步趋于多元化、专业化、人文化，应当冲破传统评价体系的束缚，在评价过程中，应当讲究方式方法，给予学生一些人文关怀。学生学习网球的过程不仅仅是网球技能提升的过程，更是一个健康成长的过程，因此，人文关怀对于学生的发展具有重要意义。学生作为网球教学的主体，教师在关注学生学习状况的同时，还需要关心学生的心理健康与成长。教师在任务式网球教学过程中也占据重要地位，尊重并信任教师是教学活动开展的基础。

其四，科学性原则。科学的训练方法搭配科学的教学评价，能够得到更佳的教学效果。任务式网球教学评价应当严格按照《体育与健康课程标准》制定完善、科学的评价体系，遵循不同学习领域制定不同评价标准的原则，客观、科学地衡量学生的学习情况，并及时做出相应的调整。

（二）任务式网球教学的评价要求

1. 开展形成性评价与诊断性评价

传统网球教学主要采用总结性评价，评价的形式多为期末考试。总结性评价是从整体上对教学进行评价，旨在帮助教师认识教学的效果，并未对教学各个阶段的具体情况进行分析、归纳。但是，需要强调的是，学习活动并不是静止的，它是一种动态发展的过程，学生在不同的发展阶段会呈现出不同的特征，教师选择的教学方法也会不一样，因此，教学也是处在相对变化的状态中。

任务式教学在评价方面具有反馈及时、管理方便等有优势。因此，在网球教学中可以引入任务式教学，通过任务式教学评价对教学的不同阶段进行全面的分析、检查与指导。任务式教学侧重形成性评价，关注的是学生学习的过程，注意对学生的学习态度、状态等予以分析，并根据分析的结果提出相应的解决方案。另外，为了进一步突出任务式教学的针对性与预见性特征，还需要对学习者进行诊断性评价。通常，这一评价被安排在教学设计之前，因此，它成了教师制定教学目标、安排教学内容以及选择教学方法的基本依据。

2. 个别评价与整体评价兼顾

每个学生的学习能力都存在差异，其完成教师布置的学习任务的情况也不相同，因此需要对学生进行个别性评价。通常情况下，个别评价包括三种形式，分别为学生的自我评价、师生评价与学生互评。每个学生身处的生长环境不同、所形成的价值观念也不同，这让其形成了不同的学习需要，而个别评价能满足不同学生学习需要。更重要的是，依据这一评价，教师可以为学生提供有针对性的指导，以学生真实的学习情况为出发点，制定合理的教学计划。整体评价是从全体教学对象出发形成的评价，它对所有学生在基础知识、运动技能等共性层面进行评价，这一评价结果能真实反映学生整体的网球水平。个别评价与整体评价各有自己的优势，教师可将二者结合起来使用，这样就能保证网球教学评价的全面性。

3. 实现多种评价方式相结合

任务式教学并不使用单一的评价形式，自主评价、教师评价与小组评价都在任务式教学中发挥了重要的作用。

因为任务式教学非常重视学生的自主学习，因此在评价方面，它也强调学生要能够进行自主评价。自主评价帮助学生了解自己在学习上的优势与不足，从而使其可以进一步深化学习优势，改正学习不足。在网球教学中，教师是与学生接触最多的人，他们了解学生的学习兴趣，清楚学生的学习风格与习惯，因此，教师评价是必要的。教师评价帮助学生较好地完成知识的建构，同时也让教师掌握了学生的学习情况，为其以后教学计划的制定奠定基础。小组评价是建立在小组学习上的一种评价形式，小组各成员在经历了任务探究之后对各自的能力也有了一定的了解，开展小组评价能让他们继续深化自己的认知层次，形成良好的人际关系。三种教学评价形式各有优势，在开展网球任务式教学的过程中，教师可以将三者有机结合起来，这样网球教学评价就会更加科学、客观。

4. 对学生进行多维度评价

传统教学评价标准单一，一般就是根据学生的成绩来判定学生的能力。这种评价形式没有关注学生的自身发展，影响了学生的个性发展。任务式教学评价强调学生个性发展，认为需要通过为学生建构一个良好的情境以解决问题，因此，任务式教学完全符合现代教学发展的要求，网球教学应该积极引入这一教学模式。

任务式教学为学生的网球学习建构了一个自主学习的环境，教师发布任务之后就由学生自主完成学习任务。此外，任务式教学重视学生综合能力的发展，因此，在进行教学评价时，要对学生展开多方面评价。

（三）任务式网球教学的评价内容

1. 任务式教学的目标评价

任务式网球教学模式的目标内涵十分丰富，其主要体现在三个方面：①确保学生扎实掌握网球基础理论知识，提高网球技能水平；②突出学生的主体地位，注意培养学生终身体育思想；③强调培养学生分析问题、解决问题的能力，注意激发学生的创造性，培养其创新能力。总之，对教学目标进行评价，可以帮助教师把握教学的整体脉络。

2. 任务式教学的准备评价

保证任务式教学的质量可以从两方面着手：一是教学条件的准备；二是学习环境的创设。在开始任务式教学之前，教师需要为学生搜集相关资料，资料可以从教材中获得，也可以从互联网上获得，但无论采用哪种来源的资料，教师都要保证资料的全面性，以使学生可以获得丰富的知识。同时，教师还要在课前为学生创设生动的教学情境，引导学生初步了解课堂内容。对教学资料、教学环境等教学准备进行评价，有利于教师认清学生所需，从而为其提供更加符合其需求的资料，构建能发挥其主体性的教学情境。

3. 任务式教学的过程评价

（1）教师应该主动为学生提供参与网球运动的机会，让学生在网球运动中表现自我，从而促进自身的发展；学生也应该主动参与到网球运动中来，并尽量选择多种方式参与任务式教学。

（2）教师需要进一步加强师生互动与生生互动，使教师与学生、学生与学生之间可以保持顺畅的情感交流；同时，教师还可以鼓励学生转变自己的学习方式，采取探究式学习与合作式学习的方式。

（3）尊重学生在身体素质、心理素质与运动技能上存在的差异，使不同基础水平的学生最终都可以实现最优发展。也就是说，教师不应该强调所有学生的平均发展，而是要发展每个学生的个性，注意挖掘学生的优势与特色，将个性化发展理念融入教学的每一个环节之中。

4. 任务式教学的效果评价

（1）能在一定程度上激发学生的学习兴趣，同时还能提升学生的网球技能水平。

（2）让学生在情境中体验到成功的喜悦，从而使其真正认识到网球这项运动的魅力。

第六章　现代网球教学的体系构建研究

第一节　网球课堂的多样化教学内容体系构建

多样化教学主要指的是教师根据其不同的教学对象、教学内容以及教学情境所采取灵活多变的教学方法。它彰显了教学的多样性、变化性以及灵活性，可以有效调动课堂气氛，激发学生的学习热情，提升学生学习的积极性与主动性。网球运动富有娱乐性，不仅可以强身健体，还能够愉悦身心，缓解压力。因此，网球运动是大学生比较追捧的一项体育活动项目。网球教学实效性的高低直接影响到大学生对网球技术的掌握。因此，构建高校网球课多样化教学内容体系，具有其重要的价值意义。

一、网球课堂的多样化教学内容体系构建的作用

在一段历史时期内，我国体育教学过程存在着较为明显的模式化现象，一定程度上影响了素质教育的推广和落实，不利于学生身心健康成长。这种内容统一、教学方式统一、人才评价标准统一的体育教育方式，就不可避免地存在一些弊端。例如，教学有效性、实效性得不到保证，学生学习兴趣低等。尤其在市场经济体制下，社会各个领域都要求大学教育能够将素质教育体现在方方面面，不仅是专业课教学，体育教学同样不容忽视。这就要求当前大学体育教学能够进行变革，始终以学生实际需求为目标，贯彻落实以人为本的教育理念。作为大学体育教学内容之一的网球课程，自开设以来就受到很多师生的喜爱。尤其是大学为网球课构建多样化教学内容以后，其发展

趋势更为强劲。网球课不仅可以让学生的身体得到锻炼，更有助于强化他们的心理健康，提高他们抵抗困难、挫折的能力。对网球课程进行总结，网球课堂的多样化教学内容体系构建具有以下作用：

（一）符合贯彻落实素质教育的要求

大学的任务不仅是教授给学生专业知识，更重要的是帮助学生树立正确的人生观、价值观和世界观，让他们始终都可以用积极向上的心态看待问题。当前，我国正在不断推进素质教育，加快建设素质教育。素质教育能否真正实施，对学生未来有着非常大的影响，其不仅着眼于学生以及社会未来发展的需求，也始终以服务于学生、促进学生全面发展为宗旨，注重对学生理论知识的教授、实践能力的提高，让他们能够在德、智、体、美、劳等方面全面发展，让他们在学习中获得乐趣和幸福感。体育教育教学应该围绕两个方面来进行：一方面是健身，让大学生在体育活动中获得一个强健的体魄；另一方面是教授给学生体育文化，让他们在不断地熏陶下感知体育文化的魅力和功效。这种体育教学方式不仅能够满足当代大学生的实际需要，同时还能够让学生对体育教学重新认识，而不是把体育教学限制在一个很小的范围内。

传统的体育教学给学生的印象主要是形式化，而网球运动则明显不同：它能够有效提高学生的满足感、愉悦感，同时还可以培养他们的合作意识，为他们将来步入社会奠定基础。与一般的体育活动相比，网球运动学习难度较大，往往需要学生付出更多的时间和精力才能慢慢掌握网球运动的精髓。如果我们想提高网球课的教学质量，教师先应该对网球各项技能、战术之间的关系有个清新的认识，对教学进行创新，站在更高的角度看待网球运动。不管是在课上还是在课下，构建多样化的教学内容体系都是必不可少的，这不仅是学生进一步掌握网球运动技巧的基础，同时还优化网球教学结构，是提高网球运动在当代大学生群体中的感染力、吸引力的关键所在。

（二）利于培养学生学习网球运动的意识

采用多样化的教学内容所产生的教学效果要比单一化教学内容教学效果

更佳，对培养学生学习网球的主观能动性、激发学生学习热情具有显著的效果。但是，如果网球教师只知道一味地选择学生不感兴趣的教学内容，不仅不能激发学生听课热情，也很难保证教学有效性。相反，在网球课教学过程中，如果教师善于采用多样化的教学内容，不仅可以在很大程度上调动学生学习网球的主观能动性，还可以帮助学生更快、更好地掌握网球运动的基本技术。所以，构建多样化教学内容对激发学生学习网球运动主动性和积极性有很大的作用。

（三）帮助扩大学生知识范围

教学并不是简单地对知识进行复制，而是一种认知活动，所以或多或少肯定会受到教学内容的影响。教学内容的选择会对整个教学质量和教学效率产生影响，并且也会对大学生学习过程产生影响。因此，如果教师能够在教学中采用多样化的教学结构，必然可以让学生眼睛、思维、动作等统一协调，帮助学生更快、更好地掌握网球各项技能。信息化时代背景下，人们收集、传播信息的途径越来越多，网球运动的普及度逐渐提高，大学生可以方便快捷地了解有关网球运动的信息，从而不断加深大学生对网球运动的认识和学习。

如果教师能够在网球课堂教学过程中给大学生传播多样化的基础知识，必然可以使教学内容得到极大的丰富。在这个过程中，教师应该善于利用网络资源，并且教师之间也要加强联系，分享教学经验，共同进步，始终以学生的利益为教学前提，提高自身的职业道德素养。从这种层面上而言，大学网球课构建多样化教学内容体系能够帮助学生拓宽知识面，丰富大学生的知识体系，让他们能够站在更高的层面上对待网球教学。

二、网球课堂的多样化教学内容体系构建的策略

保证大学网球课教学内容能够与时俱进，不仅是有利于学生个性化发展的需要，也是符合社会发展规律的表现，能够促进学生身心协调发展。所以，这就要求教师能够顺应学生个性化发展需要，坚定不移地让课程教学内容朝

着多样化方向发展。当然，此处的课程内容多样化并不等同于任意化、随意化，更不是添加一些没有营养和价值的教学内容，而是要求多样化内容体现出特色，让不同学校、不同类型的学生都能获得发展，促进自身全面发展。

（一）合理安排网球课程任务

教师在开展教学工作过程中，应该充分地利用多媒体、新媒体等设备辅助教学，将枯燥的网球运动知识用形象生动的小视频、flash动画等方式展现给学生，让他们更全面、更系统地对网球运动进行认识。网球运动涉及很多的内容，如技巧、战术、场地设备、裁判规则等，而教师的任务就是系统性地对网球运动进行分析，让学生深入了解网球运动。在网球教学过程中，还会涉及步伐等问题，会帮助提高学生身体的灵活性和对网球的控制性。合理安排课程任务对构建多样化的教学内容体系有很大的帮助。网球运动涉及的内容较多，所以只有当课程任务被合理安排，才能让教学工作按部就班、循序渐进地进行。在网球课教学中构建多样化的教学内容体系，可以让学生全面了解网球运动的基础知识和基本技能，激发学生学习网球的热情，帮助学生养成良好的网球运动习惯。

（二）改革网球教学内容

教师在开展网球理论课程教学过程中，可以从教授学生网球运动基本知识、技巧战术入手。大部分的大学生，其理论基础较为扎实，具备较强的学习能力，对新知识、新理论的接受能力较强，所以教师可以根据学生的这种特点，保证教学内容的实用性和有效性，为学生未来的发展奠定基础。在教授学生理论知识的过程中，教师应该善于利用多媒体设备进行教学，把枯燥的理论知识以生动形象的方式展示给学生，激发学生对网球运动的兴趣。在实际教学环节，教师不仅应该给学生多次进行示范，还可以借助于多媒体技术，让学生通过观看相关教学视频掌握网球的运动技巧。利用多媒体技术，不仅可以减轻教师教学负担，还可以让学生在重复性观看视频的过程中从细节上对网球运动动作进行分析，掌握各种技术的动作要领。在实际教学过程中，不但应该让学生掌握单个项目的基本技术，还要让他们能够将这些项目融会贯通，实现锻炼身体的目的。多样化的教学内容体系离不开网络技术的发展，网络能够为教学工作提供丰富的教学内容，让教师有更多可供选择的空间，这对于构建多样化教学内容体系是非常有利的。

（三）完善网球课程考核制度

课程考核对多样化教学内容的构建也会产生较大的影响。因为在网球教学过程中，教学内容或多或少都会受到应试教育的影响，也就是说，教师在选择教学内容时一般都是以应试教育为前提，都是为了让学生能够得到一个理想的成绩。但是，这种考核制度存在很多的问题，功利性倾向较为严重，学生学习积极性受到影响。针对这种情况，我们必须对课程考核制度进行完善，找到学生对网球课的兴趣点，降低应试教育带来的不利影响。

综上所述，构建大学网球课多样化教学内容体系是贯彻落实素质教育的具体要求，它不仅可以培养学生对网球运动学习的主观能动性，还能有效保证教学实效性，保证教学的效率和质量。

第二节　网球教学中技术分类体系的构建

当今社会教育越来越普及，体育运动的样式也越来越多。体育课课程种类也变得丰富起来，促使学生强健体魄和身心健康。网球被日益增多的人们所熟知，更多的人喜欢网球这项运动。很多大学也开始开设网球这项课程，让网球教学变得体系化。此处主要探讨网球教学中技术分类体系的构建，具体如下：

一、网球教学技术分类体系的构建内容

学校中的体育课，是学生的放松时间，也是学校教育组成中的重要部分。其中网球教学可以使学生身心健康，增强合作能力。网球是一项有氧和无氧交替的运动，所以网球能够使希望锻炼身体的人尽可能地得到不同层面

的满足。

网球作为一项全新的行业在大学中越来越受到大学生的热爱与追捧。大学网球教学技术分类体系的构建应该具有一致性、可行性、可比性、可接受性。网球课程也是当前普通大学体育课程改革的产物，网球课程一走进校园就受到了大学生的青睐。体育课程越来越丰富，教学的方法也越来越多。为提高学校教学效率，为提高学生对网球运动的积极性，就需要了解学生对网球发球技术的认知，并对网球的发球技术进行分类并解析。网球的技术分类构成可分为接发球技巧、斜角球技巧、上旋高球技巧、急截球技巧、近网低球技巧等五种发球技术。

第一，接发球技巧。接发球技巧需要边确定球从哪个方向飞来，边站好位置，站定位置后，快速敏捷地带左肩转身，此时只考虑转身。在击球瞬间，紧握球拍，使其不发生颤动。在随球动作中，径直顺着拍头的方向继续快速挥拍，之后自然返回。

第二，斜角球技巧。斜角球技巧需要边盯住对方的动作，进入击球处，边确认对方的位置然后收身，使斜角球能打在对方空当处，之后从下部探起拍头，打出旋转球。需要注意的是，即使是打短球，也应该径直继续挥拍，以避免扭伤腕部。

第三，上旋高球技巧。上旋高球技巧需要边估计对方截击球的位置边收身。将球稍微拉带一会儿，使对方错过上网时机。直接从下往上用腕部动作，将随球动作挥高，即能加上强烈的旋转。

第四，急截球技巧。当对方球飞来时，迅速上前。在自己最能使上劲的位置击球。急截球技巧的要领是运动员内心认定自己就要打出制胜一击，随球动作幅度要大，并迅速调整姿态迎接下次击球。与制胜球同样要领，为了不使手腕扭伤，接着用腕部动作随挥。

第五，近网低球技巧。近网低球技巧的要领同前进击球，摆好不让对方识破的姿势，击球时要充分放松，注意不要因为紧张而导致感觉错误。在削球的基础上加上旋，加快回球的旋转。

通过以上网球发球技术制定相关的教学方案，学生对这些发球技巧也有了一些了解。从而构成了大学网球教学技术的分类。通过分类进行了相关的网球教学课程，根据学生对网球的喜爱程度来进行分班教学，并根据发球技术的难易分类，来逐渐教学，让学生对网球的了解和技术掌握更加准确，使得网球得到更好的普及和发展。

二、网球教学技术分类体系的构建策略

第一，收集有关网球发球的相关技术以及技术要领。明确教学方案，通过每一节体育课，逐步实施方案，引领学生去学习网球的发球技巧，去喜欢网球这项体育运动，主动参加网球体育运动。让网球这项体育运动在大学中得到更好的推广，不断引领学生去学习网球的发球技巧。同时，对收集到的网球发球的相关技术进行难易程度的分类，构建网球在教学中的技术分类。针对网球发球技术的难易程度以及教学方法来构建，要面向广大学生开设多种类型的网球课程，满足不同层次，不同水平，不同喜好学生的需要。并根据学生的身体素质以及实际情况来进行网球教学技术分类体系的构建。

第二，要根据学生的喜好程度去进行教学。

第三，将网球的发球技术分类的体系构建发展完善。可以让学生自主选择难易程度，根据选择来学习网球的发球技术。并且可以开设理论课程，为同学们讲述网球的来历，以及发展成就和我国的成绩。让同学们更加了解网球，提升大学生对网球的热爱，实现大学网球教学中的技术分类体系构建。

第三节 网球教师的教学能力构建及优化

一、网球教师教学能力的构建

（一）网球教师教学设计的能力

网球运动，常会受天气、气候等多种因素影响，对场地器材的要求较

高，在国内的普及开展并不理想；网球学习，对于大部分学生而言几乎是从零开始的。因此，教师在网球教学设计上应充分考虑现实条件与基础，充分考虑学生的生理心理特点、运动能力水平等因素科学合理选择教材，根据学生接受能力合理安排网球教学内容，把控教学中的重难点。

网球教学应体现由易到难，从提高学生的学习兴趣入手，准确把控网球不同技术的重难点，采用不同教学方法与方式进行教学，争取做到因材施教。在设计过程中，还应考虑时间、地点、场地、器材、气候等多种因素的影响限制下动作技术的综合运用。因此，教师要对网球课进行合理规划，从制定教学目标、选择教学内容、选择教学方法与手段、网球开设形式、规划教学时间等相关要素上对网球教学进行合理设计。

（二）网球教师教学实施的能力

1. 教师的语言直观能力

教师的典型语言直观能力有教学的讲解与示范能力。讲解能力主要是指教师运用语言的方式，如向学生诠释动作名称、动作要点、动作重难点等，通过语言的讲解，使学生进而了解学习网球相关知识，这是达到教学要求的方法之一。讲解过程中要求教师简明扼要、重点突出，有针对性，便于学生吸收归纳，教学过程中需要教师通过积极的语言组织，必要的强化与适当的补充，并结合相关的教具或媒介等手段达到预期设计的目的。动作示范则是教师通过自身的规范的动作示范，使学生通过自己的感官，引起感知形成表象的常见直观教学方式。教师在运用示范法教学时，必须要考虑教学动作、教学对象、教学视线干扰等因素选择合适的示范面、示范速度、示范距离、示范的方向与位置等。因此，教师的示范必须要有明确的目的性，动作示范一定要正确美观，在示范的过程中适当结合一定的讲解来吸引学生，激发学生对网球学习的求知欲，提高练习的兴趣与练习效果。

2. 教师的预防犯错误与纠错能力

教师在网球教学中不仅要有良好的纠错能力，还应具备教学中对错误动作的预防能力。预防犯错误能力是教师针对学生练习中容易产生动作错误的地方，提前选择有效手段，及时预防矫正的一种教学能力。如网球初学者在网球练习时由于腕部力量较弱或动作的不规范常常会引起腕部酸痛甚至出现腕部受伤。为防止这一现象的发生，教师在教学初期就要反复强调在击球时腕部需要保持紧张状态，以免翻腕，教师通过语言强调与示范强调相结合在一定程度上避免学生腕部损伤的发生，这体现的就是教学中的预防犯错误的能力。

教师的纠错能力，并不是简单反馈给学生相关的错误动作，而关键的是对错误动作的改正能力。学生一旦出现错误常会出现畏惧心理，产生一定的心理压力，进而影响学生的学习效果。因此，当学生在网球学习中出现了错误动作时，教师要分析产生错误动作的原因，是由于学生不认真、对动作概念模糊、受旧技能干扰、运动能力较差、疲劳等条件下产生的错误动作，还是由于教师的组织教法不合理引起，又或者是场地、器材、天气等教学的外部环境和条件因素引起。教师只有找准错误产生的原因，才能对症下药，在充分肯定学生的基础上指出错误，循序渐进，步步引导，最终解决问题。

（三）网球教师教学评价的能力

在网球教学过程中，教师的教学评价能力主要从教师教学效果的评价能力与学生学习成绩的评价能力两方面反映。教师教学效果的评价能力主要是对教学设计、教学实施、教学效果的完成情况实施科学综合评价的能力，包括课前、课中、课后的回顾与反思。如课前的准备是否充分，教学设计是否合理；课中实施过程中教学方法、教学手段、教学组织是否合理，教学任务是否高质量完成，是否体现专业特色，教学氛围是否融洽等；课后反思学生的技能掌握、学生的情感发展、学生运用知识解决问题的能力等。

教师对学生学习成绩的评价能力主要是指教师对学生关于网球知识的掌握程度、技能的熟练程度、技能的运用能力、学生的学习态度等方面综合评价。这是通过高度重视网球学习过程来激励和促进学生学习的一种评价。全面考评学生在网球学习过程中的学习态度与进步幅度，学生技能的掌握程度，通过对学生教学目标的完成情况进行后期教学内容的优化调整，通过教师评与学生评相结合的手段完成对学生成绩的评定。

二、网球教师教学能力的优化

（一）转变网球教师教学观念

教师教学能力不断提高的过程是持久的、动态的。提高网球教师教学能力，先要转变思想，思想引领行动，思想是基础，教师从主观上引起重视后，才会付诸实施。由于教学能力要求网球教师在具有综合知识储备的基础上凸显专业知识，同时要求网球教师还应具备教学组织管理知识的储备、心理知识的储备以及创新能力的储备等，通过对自身知识体系的丰富，经过不断的反思与学习，提高网球教师自身的专业素养而提升教学能力。

（二）优化网球教师教学评价能力

评价内容与评价方式导引着教师的发展方向。当前，评价结果偏重于教学，教师在教学上的精力投入会高于科研；若评价结果偏重科研，则教师自然会把更多的精力投入到科研。总而言之，教学评价的内容与方式具有多样性，主要取决于教师的发展与目标，但网球教师应当具备过硬的专业知识和教学能力。除此之外，教师还需要具备一定的创新能力、科研能力，将科研与教学评价巧妙相结合。教师应当建立完善的知识体系，不断学习新的知识，紧跟时代步伐，刻苦钻研、勇于创新，掌握外界环境的变化情况，不断提升自己的教学能力、实践能力以及科研能力，尤其是科研能力对教师今后的发展具有深远的影响。

（三）加大对网球教师教学技能培训

加大对网球教师教学技能培训能够进一步优化其教学能力。在通常情况下，学生对技能学习的时间已经超出标准计划的范围，这也意味着网球教师的教学技能有待提升。网球的特殊性决定了网球教师除了要具备扎实的基本功、过硬的专业技能外，在教学方面，教师还应当重视教学方式、知识框架、课堂应变等，因此，加大对网球教师教学技能培训对于网球教师教学显得尤为重要。

网球教学培训主要针对教学对象展开，系统阐述教师如何根据教学对象选择合适的教学方法与教学内容。在培训过程中，培训人员应高度重视对教师教学技能的培训，讲解一些能够激发学生兴趣、提高教学的教学方法，使教师能够在培训中发现自己的不足，对自己的教学内容、教学方式做出相应的调整，树立正确的教育观，从根本上解决网球教师在教学过程中所遇到的问题。

（四）加强对网球教师的教学督导

在提升教师教学水平的过程中，应当不断加强对网球教师的教学督导，通过成立督导小组的方式，对教师的教学进行监督、评价，督导小组主要由有经验的教师、同行专家组成，督导成员之间相互交流、互相协作，定期开展有意义的经验交流分享会议或专家交流会等，及时对教师的教学工作予以反馈。制定相应的奖罚制度，在一定程度上也能够调动教师的工作热情，甚至能够达到提升教学水平的效果，对于表现突出或工作负责的教师，可以分发适当的奖金并公开表扬。

当前的体育教学越来越强调对多学科知识的交叉融合，因此，需要网球教师在教学过程中，不仅仅将基本知识、基本技能传授给学生，在课中如何启发与引导学生学习，树立正确的人生观与价值观更为重要。这就要求网球教师不仅具备扎实的理论知识，还应具备精湛的技能；不仅具备全面的网球教学设计能力，还应具备课中具体实施能力与课后的反思能力，同时加上自己的不断学习与研究，提高自身的创新能力，不断更新与提升网球教师的教学能力，以适应新形势发展下社会对人才的需求。可通过增强教师自身的知识底蕴，提升自身的职业素养，通过优化教学评价体系、加大教师培训与学习，重视教学氛围的营造，加强教学督导，完善激励机制等手段不断提升网球教师的教学能力。

第四节　网球教学测试评价体系的构建研究

一、网球教学测试评价体系的相关理论

评价体系是一种目标明确、操作性强且能够客观准确地评价个体差异的模型，在满足具体评价对象和评价目标的前提下，按照特定的结构步骤进行操作与设计。一个完整的评价体系由评价指标、指标权重和评价标准这三部分组成。评价体系的研究每一部分都必须是科学和细致的。合理、科学的评价体系在某种程度上能够反映所评价对象的个体差异。反之，盲目的评价体系则会错误地反映所评价对象的个体差异，进而提高指标权重的误差，最终导致评价标准的不准确。有关网球教学测试评价体系的相关理论具体如下：

第一，评价指标。指标是指"指标"这一名称或者指标的具体数值。既可表示具体数值，又可表示抽象概念。当指标表示为具体数值时，能反映变量具体的状态、类别、速度等特征；当指标表示为抽象的概念时，可概括某一变量的具体含义，可作为反映研究对象、研究目标特征的标志。评价指标是一项可衡量的具体指标，可以根据评价目标描述评价对象各方面的特点。

第二，指标权重。各项评价指标在整体评价体系中的重要性程度即为指标权重。一般而言，依据某个评价指标在整体评价体系中所处的位置与发挥的作用，能够得到一个精确的数值，这个数值反映的就是其重要性程度的大小即权重值。

第三，评价标准。组成评价体系的关键部分是评价标准，它能衡量评价目标的边界值。一般情况下包含定性评价和定量评价这两种评价标准。其中以评价对象达到一定评价要求的数量为定量评价标准，以评价对象满足相应

的要求为定性评价标准。定性评价和定量评价侧重的方向不同，各有优劣，在选择评价方式时应考虑评价的对象，选择与之相符的评价方式。然而，在评价标准的制定过程中，难免会存在单一的评价方式不能反映评价对象全部特征的情况出现，造成评价结果的片面性，这时就可以结合两种评价方式进行评价标准的制定。

二、网球教学测试评价体系的构建原则

（一）科学性的原则

任何学术与研究活动都必须遵循科学性原则。评价指标体系的理论基础是否充分，依据是否合理，选择的评价指标是否能科学地反映评价对象，是反映科学性原则的具体表现。科学性原则具体表现在贯彻实施的过程中，评价指标的选取既要有一个明确的概念，也要有一个明确的目标属性。这个概念是一个有准确定义的，清晰明了的词语。同时评价指标的选取要有明确的目标属性，评价指标的意义明确，经得起推敲。值得注意的是，在满足评价指标的概念和目标明确的同时还要满足评价指标的独立性，以确保评价指标的有效性和可靠性。在进行网球评价体系的建构时，要遵循科学性原则的具体内容，力求建构一个科学合理的评价体系，确保评价结果的精确性。

（二）系统性的原则

系统具有目的性、针对性、层次性、整体性等特点，指标体系信息丰富，是一个综合且涵盖研究对象各个方面的复合体。系统性原则不仅要求评价指标体系符合评价目标的整体性，还要求符合评价指标体系的简洁性。评价指标的选取在内容上要求全面、严细，在结构上要求层次分明。这样构建的发球技术表现评价指标体系能简单全面地评价研究对象，不仅能从全方位体现发球技术表现的整体特征，还能保证评价过程的层次性，从而达到最优的评价指标体系。

例如，在网球发球技巧中，将发球技术表现看作一个有机的系统，进行网球专选班发球技术表现评价体系的构建。在构建其发球技术表现评价

体系时，既要有若干有机联系的评价指标来反映专选班男生的发球技术表现现状，又要有若干相互独立且互不相容的评价指标来反映网球发球技术表现情况。评价指标体系的构建须遵循指标之间的有机联系、互补相容和相互独立，并不是纯粹地将评价指标进行堆砌。只有这样，设计的评价指标体系才能系统、科学地反映发球技术表现的整体特征，确保发球技术表现评价过程全面、科学地进行。

（三）目的性的原则

在确定评价目标的前提下，将评价对象——分解成具体的、行为化的本质特征。经过对评价目标的确定和评价对象本质的分解之后，将这些特征组成为一个整体的评价指标体系对评价对象进行评价，这样就构建出评价的指标体系。此外，评价结果的判断是通过已构建的评价指标体系来进行。例如，以网球发球技术表现为评价目标的，在此之前必须对评价对象进行科学的判断。因此，在评价指标的选择和设计上，不仅要求评价指标能够从整体上宏观把握网球发球技术表现，还要求能够将网球发球技术表现的各环节详尽呈现出来，以此来强化评价指标体系中各评价指标间的相互联系。最终，建立网球专选班男生发球技术表现的评价标准，确保其科学性与合理性，保证评价标准的效果。

（四）层次独立性的原则

对评价目标实现科学、合理的评价，最有效的方法是将其拆分为若干个具体的评价指标。在各个具体评价目标达标的基础上实现整体目标的评价。由此，将各个具体评价指标整合成为总体评价目标时要贯彻独立性原则。例如，对网球发球技术表现进行评价时，拆分成为若干个具体的评价指标进行评价是必要而又有效的。在各个具体评价目标达标的基础上，实现整体评价目标。所以，在将总体目标分解为几个具体的评价指标时，应贯彻独立性原则。各个具体评价目标之间相互独立却又遥相呼应，形成一个有机的整体评价目标体系。这样构建的评价指标体系使得各个具体指标的评价和判断，既能独立进行，又能保持评价目标的整体性。

(五)可测性的原则

在评价指标的选取上要严格遵从可测性原则。评价指标的数据采集务必要方便于操作，最好能从实际测量中直接获得准确数据。对于那些不能直接获得准确数据的评价指标则应易于整理和统计，为后续数据的处理提供便利。因此，评价指标体系的设计应遵从可行、可操作的原则。在数据的使用上可以继续使用已有的数据，在采集评价指标的数据时应提前设计相对较容易采集的评价指标进行数据的采集。采集的数据在进行处理计算时务必运用正规、标准的计算方法，降低主观原因对数据收集结果的影响。此外，在构建的评价指标体系当中，难免会存在些许不可测量或操作困难的评价指标，这时就需要对评价指标进行删除或重新选取。

(六)动态性的原则

任何事物的发展都不是一成不变的，而是处于在不断变化的过程当中。在网球发球技术表现评价体系的构建当中，评价指标的内容和本质也在随网球运动发展而时刻发生变化。因此，对评价指标的厘正、裁汰、增补是十分有必要的。这种调整不仅满足网球专选班男生发球技术表现评价在各方面变化的要求，同时也满足评价指标体系发展、诊断、完善和与时俱进的需求。

三、网球教学测试评价体系的构建过程

评价体系的构建需要具备丰富的知识和高超的技术。在评价指标体系的构建过程中，不仅需要仔细斟酌指标的指向性，更要反复推敲指标之间的关系，避免各指标实质的叠加和重复。在此前提下，严格遵循评价体系构建的科学方式和操作程序，力求所构建的评价体系是科学合理的。

网球教学测试评价体系的构建过程分为五个步骤：第一，依据所确定的评价对象遴选精确的评价目标；第二，分解评价目标，通过问卷调查，专家访谈，查找文献资料等研究方法，制定一套反映目标实质的指标；第三，精简指标，通过对专家小组的问卷调查结果进行分析，筛选不符合主题的指

标，力求得到清晰、明确的指标体系；第四，确定指标权重，可以选用主观赋权法中的层次分析法，通过评价指标之间的重要性程度判断与比较，计算并确定其权重大小；第五，评价标准的确定与设计。通过以上五个步骤最终得以建立评价体系。

结束语

当前，在网球运动快速发展的同时，我国在许多国际网球比赛上也都取得了重要的成绩。随着时代的变化，大学对于网球教学的方法与思路也需要不断革新。此外，各地大学还应加强教学过程中的总结，在借鉴先进教育经验的同时，坚持优化我国大学网球教学课程体系，构建科学、合理的课程领域和课程模块，促进网球课程体系快速地完善与发展。大学开展网球课程不仅推动了体育事业的蓬勃发展，还为广大学生在学习网球的过程中提供了更加广阔、丰富的学习渠道，提高了学生的学习兴趣。因此，大学需要充分在网球教学实践过程中不断总结创新，以期提高大学网球课程的教学水平。

参考文献

［1］白国玺.合作探究教学模式在高校体育专业网球普修课教学中的应用研究［D］.大连：辽宁师范大学，2020：19-30.

［2］陈刚.SPOC在高校体育教学中的应用研究［D］.福州：福建师范大学，2018：17-34.

［3］陈杰.微课在高校网球教学中的应用研究［J］.科技资讯，2020，18（15）：169-170.

［4］董取胜，柯勇."多维系统反馈法"对网球专项学生战术创新能力提升的教学实验研究［J］.武汉体育学院学报，2018，52（1）：82-86.

［5］樊云.论网球教学中教师的教学能力结构及优化途径［J］.新西部，2018，{4}（24）：160-161.

［6］雷少华.基于扇形移动训练法的高校网球训练创新研究［J］.体育风尚，2021（04）：38-39.

［7］冷迎辉，陈昱.试论网球文化与网球教学中大学生品德行为修养的培养［J］.南京体育学院学报（社会科学版），2005，19（5）：86-88.

［8］李松华.高校网球课构建多样化教学内容体系的探讨［J］.中国校外教育，2019，{4}（33）：21-22.

［9］李义军.我国网球运动员培养模式试探［J］.当代体育科技，2017，7（06）：245-246+248.

［10］李正荣，唐凯，霍连娟."三点站位法"在网球双打截击教学中的应用［J］.武汉体育学院学报，2007，41（7）：87-89.

[11] 梁潇,王恒.不同多球训练方案在网球教学中的应用研究[J].广州体育学院学报,2015,35(4):116-120,123.

[12] 刘永刚."快易网球"在黑龙江省高校网球教学中的可行性研究[D].哈尔滨:哈尔滨体育学院,2020:23-43.

[13] 刘泳.高校网球选修课中不同类型教师教学效果的对比研究[J].北京体育大学学报,2007,30(9):1251-1252.

[14] 刘越.体验式教学在扬州大学公共体育网球选项课中的实验研究[D].扬州:扬州大学,2020:14-21.

[15] 鲁忠鑫.网球运动员运动知觉能力与运动技能关系的研究[D].呼和浩特:内蒙古师范大学,2020:20-35.

[16] 穆海斌,王裕祥.分段协调结构教学法在网球发球技术教学中的实验研究[J].内蒙古师范大学学报(自然科学汉文版),2013,42(1):117-121.

[17] 聂丹.高校网球专修课与选修课教学方法的比较研究[J].广州体育学院学报,2013,33(3):120-123.

[18] 聂锐新.网球正手击球教学顺序的实验研究[J].成都体育学院学报,2004,30(3):53-55.

[19] 欧吉林.高校公共体育网球课教学方法创新性实验研究[J].西南师范大学学报(自然科学版),2020,45(6):147-152.

[20] 佟艳华,张晓秋."静动结合"教学法在高校网球教学中的应用及效果研究[J].沈阳体育学院学报,2013,32(3):113-116.

[21] 王海明,邹克宁,李屹峰,等."快易"网球教学法在高校网球课教学中应用的实验研究[J].武汉体育学院学报,2012,46(5):93-96.

[22] 王海明.高等院校网球教学质量综合评价体系的构建[J].成都体育学院学报,2009,35(12):88-90.

[23] 王文芹.网球选项课教学方法的探索与实验[J].首都体育学院学报,

2007，19（4）：127-128.

［24］吴铁铮，周若夫.创新高校网球教学提升网球教学质量［J］.当代体育科技，2020，10（05）：70+72.

［25］邢宇霞，马银银，崔佳峰，等.高校网球教学测试评价体系的建设［J］.文体用品与科技，2018，{4}（13）：125-126.

［26］杨靖.网球教学方法论［J］.南京体育学院学报（社会科学版），2004，18（6）：136-137.

［27］杨元林.高校网球教学中的技术分类体系构建［J］.饮食科学，2019，{4}（12）：160.

［28］袁中华.高校网球教学中合作学习教学模式的应用分析［J］.文体用品与科技，2020，{4}（05）：129-130.

［29］张洁.高校网球课构建多样化教学内容体系的探讨［J］.武汉体育学院学报，2005，39（9）：119-121.

［30］张珠.高校网球课程体系构建的思考［J］.青少年体育，2019（04）：106-107.